Lisa Lemke

Mein Grillvergnügen

LEICHTE REZEPTE,
MARINADEN UND MEHR

Fotos Åsa Dahlgren

CALLWEY

Inhalt

Ein kleiner Grillguide

Ob man nun viel oder wenig Zeit hat: Es gibt immer eine Möglichkeit, einen gelungenen Grillabend zu organisieren. In erster Linie kommt es darauf an, dass man die richtigen Zutaten auswählt.

Wenn ich viel Zeit habe, nehme ich gern ein ganzes Hähnchen oder einen großen Braten, der durch indirektes Grillen über mehrere Stunden zubereitet wird. Spareribs grille ich auf die gleiche Art schön lange, oder ich brate sie an und grille sie kurz bei hoher Temperatur.

Habe ich wenig Zeit, dann setze ich auf handliche Fleischstücke von bester Qualität, die nur Salz, Pfeffer und eine Glasur brauchen. Nach dem Grillen gebe ich dann vielleicht noch argentinische Chimichurri-Sauce obendrauf.

Schnelle und gute Alternativen sind verschiedene Gemüsesorten und Fisch – außerdem selbst gemachte Burger aus grobem Rinderhack, gewürzt mit Knoblauch, mexikanischer Chipotle-Paste oder Flüssigrauch *(liquid smoke)*. Auch Grillspieße mit Gemüse- und Fleischstücken sind dankbare Schnellgriller. (Aufpassen muss man dabei aber, dass die Stücke, die man auf den Spieß steckt, etwa die gleiche Grillzeit brauchen.) Und dann gibt es schließlich noch die Last-Minute-Wahl: Wurst – und zwar Wurst von richtig guter Qualität. Für mich ist sie mit das Beste beim Grillen.

Direktes und indirektes Grillen

Zum Grillen verwende ich generell einen Holzkohlegrill. Die folgenden Tipps gelten daher auch für diese Grillart. Wichtig zu klären: Direktes Grillen bedeutet, dass man das Grillgut auf einen Rost direkt über die Glut legt. Die Hitze ist dabei stark. Direktes Grillen ist deshalb für dünne Scheiben Fleisch, Koteletts, Wurst und Gemüse geeignet– meist auch für Fisch, denn die große Hitze verringert das Risiko, dass der Fisch am Rost klebt.

Indirektes Grillen dagegen ist ideal für größere Fleisch- und Gemüsestücke oder ganzes Geflügel. Dabei verschiebt man die glühende Grillkohle mit einer Harke oder Schaufel aus Stahl oder Aluminium so, dass sie an den Seiten des

Grills liegt. Das Grillgut wird in der Mitte des Rostes platziert und hat keine Kohle unter sich. Der Deckel sollte unbedingt auf dem Grill liegen und vorhandene Belüftungslöcher geöffnet sein, damit die Wärme im Grill zirkuliert. Das Fleisch kann auf diese Weise lange auf dem Grill liegen, ohne trocken zu werden. Man muss nur die Temperatur unter Kontrolle haben. Sollte die Hitze zu stark werden, grillt man eine Weile ohne Deckel. Geht die Glut zur Neige, bevor das Grillgut fertig ist, füllt man an den Seiten Kohle nach.

Experimente wagen

Um dem Gegrillten einen spannenden Geschmack zu geben, kann man auf die Grillkohle verschiedene eingeweichte Räucherspäne, Kräuter und Zweige von Obstbäumen oder Wacholderbüschen legen. Beim indirekten Grillen stellt man dazu Aluminiumschälchen mit Gewürzen zwischen die Glutbetten. Bier, Wein und Säfte, wie Apfelsaft oder frisch gepresster Orangen- oder Zitronensaft, verleihen dem Grillgut ein wunderbares Aroma.

Wie heiß soll es sein?

Mindestens 30 Minuten im Voraus sollten Sie den Grill anheizen. Ich verwende dazu einen elektrischen Grillanzünder – zum einen aus Umwelt- und Brandschutzgründen, aber auch, weil ich mir einbilde, den flüssigen Anzünder im Grillgut herauszuschmecken. Apropos Brandrisiko: Stellen Sie immer einen Eimer Wasser in die Nähe des Grills!

Wenn Sie mit dem Grillen beginnen, sollte die Kohle grau und extrem heiß sein. Als Faustregel gilt: Die Hitze ist so stark, dass man die Hand nicht für etwa fünf Sekunden über den Rand des Rostes halten kann, ohne sich zu verbrennen.

Temperatur unter Kontrolle

Hilfreich beim Grillen ist ein digitales Bratenthermometer – am besten ohne Kabel –, das man ins Fleisch steckt, um die Temperatur zu prüfen. Das Thermometer sollte man in die dickste Stelle des Fleisches stecken und nicht in Kontakt mit Knochen kommen, denn die haben eine höhere Temperatur als das Fleisch.

Beim Warten auf die Glut

Dies ist kein gewöhnliches Vorwort, es ist das Warten darauf, dass die Glut richtig gut wird. Sie wissen schon, so funkelnd weiß und heiß, dass man die Hand kaum ein paar Sekunden darüberhalten kann. Meist sind wir ungeduldig. Wir hetzen uns, servieren verbrannte Würste und ärgern uns, dass die Glut eigentlich dann am besten ist, wenn wir die Teller gerade geleert haben.

Oft erzählen mir Leute, wie gestresst sie sich beim Grillen fühlen. Alles soll auf einmal passieren: Die Kartoffeln, der Salat und die Soße müssen fertig werden. Trudeln die Gäste ein, muss die Kohle angezündet werden. Der Fisch soll zeitgleich mit der Wurst, den Spareribs und den Spießen mit Zwiebeln und Pilzen parat stehen – und, meine Güte, was ist mit dem Aperitif?!

Nur mit der Ruhe! Man muss nur ein wenig planen. Lagern Sie in der Speisekammer Knabbergebäck, um den ersten Hunger der Gäste zu stillen. Grissini sind zum Beispiel perfekt für das Warten auf die Glut. Praktisch sind fertige Soßen, mariniertes Hühnchenfleisch oder Salat, der nur noch aus dem Kühlschrank geholt werden muss. Außerdem Kartoffelgerichte, die sich blitzschnell zubereiten lassen, ohne großen Aufwand – Essen, das sich fast von selbst macht, ganz einfach. So hat man genug Zeit, sich um andere, wichtigere Dinge zu kümmern, etwa darum, die Glut zu überwachen, an einem Blaubeer-Mojito zu nippen und an einem Crostini mit Herings-Boquerones zu knabbern.

Denken Sie nur daran, sich Platz im Magen zu bewahren – ordentlich Platz! Denn bevor der Abend vorbei ist, werden wir uns durch Salate und sättigende Köstlichkeiten gearbeitet haben: Soßen, Salsas, Butter und Cremes aller Art. Und natürlich Desserts. Denn was ist ein Abendessen ohne süßen Abschluss? Das wäre wie ein Grill ohne Glut, ein Steak ohne Fettrand oder ein gegrillter Fisch ohne Beilagen. Gerade die Beilagen sind so wichtig. Ein Grillabend wird erst durch die Kombination von Leckerem auf dem Grill mit mindestens genauso leckeren Beilagen zu dem, was er ist.

In diesem Buch finden Sie Beilagen für jede Gelegenheit und Rezeptideen, die Sie durch einen gelungenen Grillabend leiten – egal, ob Sie klassische Geschmacksrichtungen oder ungewöhnlichere Varianten bevorzugen. Darunter sind Rezepte aus unserer schwedischen Küche, aber auch solche, die ich von meinen Reisen um die Welt mitgebracht habe. Ja, in aller Bescheidenheit behaupte ich sogar, dass die Rezepte aus diesem Buch zusammen mit guten Zutaten, die man auf den Grill legen kann, das Wesentliche sind, was man für einen unvergesslichen Grillabend braucht.

Guten Grillappetit, meine Freunde!

Lisa

Blaubeer-Mojito

4 DRINKS
CA. 5 MINUTEN

½ unbehandelte Zitrone
100 g tiefgefrorene
  Blaubeeren, leicht
  angetaut
3 EL Rohrzucker
1 Handvoll frische
  Minzeblätter
16 cl heller Rum
200 ml Mineralwasser
reichlich zerstoßenes Eis

Meinen absolut besten Mojito habe ich am Camps Bay in Kapstadt getrunken. Er war mit sonnengereiften Passionsfrüchten und mit viel Liebe gemacht. Das ist das Geheimnis eines Mojitos – egal, ob er mit Stachelbeeren, Passionsfrüchten oder einfach nur Limetten zubereitet wird. Diese sommerliche Mojito-Variante bereite ich mit Blaubeeren zu. Sie ist so gut, dass die Uhren stehen bleiben.

Die Zitronenhälfte in Scheiben schneiden. Die Scheiben mit Blaubeeren, Zucker, Minze und Rum auf die Gläser verteilen und alles mit einem Stößel grob zerstoßen. Mit Mineralwasser und Eis auffüllen.

Herings-Boquerones

1–2 GLÄSER
CA. 20 MINUTEN
+ 10 STUNDEN
+ 24 STUNDEN

400 g kleine Heringsfilets
Weißweinessig

2 TL Salzflocken

1 Prise grob gemahlener
schwarzer Pfeffer

ca. ½ fein gehackte
Chilischote, z. B.
Spanischer Pfeffer

1 Handvoll fein gehackte
glatte Petersilie

3 fein gehackte
Knoblauchzehen

abgeriebene Schale
von 1 großen,
unbehandelten Zitrone

300–500 ml Olivenöl

Boquerones sind häufig auf spanischen Tapastellern zu finden. In Spanien macht man sie aus kleinen Sardinen. Ich habe sie hier aus Heringsfilets zubereitet – ein wunderbares Beispiel dafür, wie vielseitig man Hering einsetzen kann.

Die Filets abspülen, entgräten und die Haut abziehen. Die Filetstücke längs halbieren, sodass aus jedem Filet 2 kleine werden. In eine Schüssel legen und mit Essig bedecken. Die Schüssel mit einem Deckel oder einer Frischhaltefolie verschließen und im Kühlschrank etwa 10 Stunden marinieren.

1 oder 2 Einmachgläser mit dicht schließendem Deckel säubern. Den Essig abgießen und die Heringsfilets mit kaltem Wasser abspülen. Die Filets nicht zerdrücken. Am besten dabei Einweghandschuhe tragen, damit sich keine Bakterien von den Händen übertragen. So lässt sich die Haltbarkeit der Fischfilets verlängern.

Hering, Salz, Pfeffer, Chili, Petersilie, Knoblauch und Zitronenschale in die Gläser schichten. So viel Öl darübergießen, dass alles bedeckt ist. Die Gläser gegen eine harte Unterlage klopfen, damit sich das Öl gleichmäßig verteilt. Einen Tag im Kühlschrank stehen lassen und dann mit gerösteten Weißbrotscheiben servieren.

Im Kühlschrank halten sich die Herings-Boquerones 10 Tage – vorausgesetzt, sie sind ganz mit Öl bedeckt.

Tipp! Testen Sie die Chilischote, bevor Sie sie verwenden: Ist sie sehr scharf, dann reicht etwas weniger davon aus.

Ein wunderbares Beispiel dafür, wie vielseitig man Hering einsetzen kann.

Rosmarin-Grissini mit Rauchsalz

CA. 40 GRISSINI
CA. 30 MINUTEN

300 g Pizzateig
  (siehe Rezept auf Seite 26)
4 EL fein gehackte
  Rosmarinnadeln
2 EL Rauchsalz (auch Hickorysalz
  oder Smoked Salt)

Bin ich mal völlig pizzabesessen und habe es eilig, dann ist die Pizzeria um die Ecke meine Rettung. Manchmal kaufe ich auch für ein paar Kronen einen Teigklumpen, der für Massen von Grissini oder für eine große Pizza reicht. Habe ich viel Zeit, mache ich meinen besten Pizzateig, teile den Teig in kleinere Kugeln und friere sie in Gefrierbeuteln ein. Dann muss ich den Teig nur herausholen und auftauen lassen, wenn ich Lust auf Pizza oder Grissini bekomme. Der Pizzateig hält sich im Gefrierfach 2–3 Monate.

Den Backofen auf 225 °C vorheizen.

Den Teig auf einem bemehlten Backbrett durchkneten, in etwa 40 Portionen teilen und zu ungefähr 5 mm dicken Stangen rollen. Besonders hübsch werden die Stangen, wenn man jede in sich noch einmal dreht. Zum Schluss Rosmarin und Salz auf das Backbrett streuen und die Stangen darin rollen.

Die Grissini auf mit Backpapier belegte Backbleche legen und im Ofen etwa 10 Minuten backen, bis sie Farbe bekommen und sich trocken anfühlen.

Campari-Melonen-Crush

4 DRINKS
CA. 5 MINUTEN

600 g Fruchtfleisch einer Wassermelone,
  entkernt
16 cl Campari
200–300 ml Blutorangensaft
zerstoßenes Eis

Wo ich mich auch in der Welt befinde – ich kehre immer wieder zu diesem Drink zurück. Die beste Kombination von bitter und süß ist Campari mit Blutorange. Mit Melone schmeckt der Campari Orange sogar noch erfrischender.

Alle Zutaten müssen gut gekühlt sein. Das Melonenfleisch in grobe Stücke schneiden. Melone, Campari, Saft und Eis in einen Mixer geben und mischen. Sofort in großen Gläsern servieren.

Glasur, Marinade und Rub

Am besten überlegt man sich schon am Tag vor dem Grillen, ob man das Grillgut glasieren, marinieren oder einen Rub verwenden möchte. Beim Marinieren sollte das Grillgut bereits am Abend zuvor in die Marinade eingelegt werden. Auch einen Rub bereitet man am Vorabend vor.

Glasur streicht man am Schluss des Grillvorgangs auf das Fleisch, wenn es beginnt, eine gute Bratoberfläche zu bekommen. Die Glasur ergibt eine appetitliche, glänzende Oberfläche und verleiht noch mehr Geschmack. Das Fleisch dazu mehrmals dünn mit Glasur bestreichen, dazwischen etwas warten, denn dann karamellisiert die Glasur, und es entsteht eine leicht klebrige Kruste mit viel Aroma.

Marinade verwendet man vor dem Grillen. Lassen Sie Fleisch, Geflügel oder Fisch mehrere Stunden in der Marinade liegen, am besten über Nacht. Nehmen Sie das Fleisch heraus, und lassen Sie es abtropfen, bevor Sie es auf den Grillrost legen. Auch während des Grillens kann man Marinade auf das Grillgut pinseln. Sie sollte aber vorher aufgekocht werden, da rohes Fleisch darin lag.

Rub ist ein Mix von trockenen Gewürzen und manchmal auch etwas feuchteren Zutaten wie Schalen oder Saft von Zitrusfrüchten. Die Mischung wird mit den Händen in das Fleisch oder den Fisch eingerieben – und zwar mindestens 6 Stunden vor dem Grillen. Greifen Sie beherzt zu, und geizen Sie nicht mit dem Rub. So können die Aromastoffe wunderbar in das Grillgut einziehen.

Holunder-Zitronen-Glasur

CA. 200 ML
CA. 10 MINUTEN

½ entkernte rote Chilischote,
   z. B. Spanischer Pfeffer

100 ml frisch gepresster Apfelsaft

Saft und abgeriebene Schale
   von 1 unbehandelten Zitrone

200 ml konzentrierter
   Holunderblütensirup

½ TL grob gemahlener
   schwarzer Pfeffer

Holunderblüten und Zitronen sind eine unschlagbare Kombination, sowohl in Desserts als auch auf dem Grill. Ich verwende diese frische Glasur für Fisch, vor allem für Weißfisch. Geizen Sie nicht mit dem schwarzen Pfeffer. Er gibt einen guten Geschmack und eine feine Schärfe, die hier perfekt passt.

Die Chilischote in möglichst feine Streifen schneiden und in einem Topf mit den übrigen Zutaten vermischen. Aufkochen und bei mittlerer Hitze ohne Deckel 3–5 Minuten sieden lassen. Zum Abkühlen zur Seite stellen.

Die abgekühlte Glasur in einen luftdichten Behälter füllen. Hält sich im Kühlschrank bis zu 2 Wochen.

Senfglasur

CA. 200 ML
CA. 5 MINUTEN

50 ml heller Sirup
50 ml Rotweinessig
50 ml grobkörniger
    scharfsüßer Senf
2 EL gelbe Senfsamen
1 Spritzer Tabasco,
    nach Geschmack

Es ist nicht neu, dass Senf und Schweinefleisch eine himmlische Kombination
ergeben. Die süßscharfe Glasur schmeckt
aber auch auf Hühnchen und Rindfleisch
ausgesprochen lecker. Wichtig: Lassen
Sie die Flüssigkeit erst abkühlen, bevor Sie
sie über die Senfsamen gießen. Werden die
Samen zu stark erhitzt, bekommen sie
rasch einen bitteren Beigeschmack.

Sirup, Essig und Senf in einem Topf aufkochen und leicht
abkühlen lassen. Die Senfsamen mit wenig Flüssigkeit in
einem Mörser zerstoßen. In die Flüssigkeit im Topf einrühren und mit Tabasco würzen. In einen luftdichten Behälter
füllen. Im Kühlschrank bis zu 2 Wochen haltbar.

CA. 300 ML
CA. 5 MINUTEN

2 Knoblauchzehen
1 Dose Pfirsichhälften (240 g)
1–2 TL Sambal Oelek
2 TL Worcestersoße
Saft und abgeriebene Schale
 von 1 unbehandelten Zitrone
1 EL Dijonsenf
2 EL dunkle Sojasoße
½ TL grob gemahlener
 schwarzer Pfeffer

Scharfe Pfirsiche

Eine schnelle, frische Marinade, die selbst an den dunkelsten Tagen die Sonne scheinen lässt. Sie schmeckt zu Hühnchen, Meeresfrüchten und Fisch wahnsinnig lecker, außerdem passt sie zu Schweinefleisch. Warum nicht auch zu Gemüse?

Den Knoblauch schälen und grob hacken. Mit den übrigen Zutaten in eine Schüssel geben und mit einem Stabmixer glatt pürieren. In einen luftdichten Behälter füllen. Hält sich im Kühlschrank 1 Woche lang.

Scharfe Honig-Apfel-Marinade

CA. 300 ML
CA. 15 MINUTEN

2 Knoblauchzehen
200 ml frisch gepresster Apfelsaft
50 ml flüssiger Honig
2 TL getrockneter und fein gemahlener Ancho-Chili
1½ EL fein geriebener frischer Ingwer
100 ml dunkle Sojasoße
50 ml Rotweinessig
½ TL grob gemahlener schwarzer Pfeffer
50 g Apfelmus

Wenn es um Marinaden geht, dann ist mein absoluter Favorit das Quartett Soja-Apfel-Ingwer-Chili. Es passt zu allem und funktioniert immer. Ich verwende dazu frisch gepressten Apfelsaft. Ancho-Chili, der ebenfalls dazukommt, hat eine milde Schärfe. Will man also noch mehr Feuer in der Marinade haben, kann man auch eine andere Chilisorte verwenden.

Den Knoblauch schälen, fein hacken und mit den übrigen Zutaten in einen Topf geben und bei mittlerer Hitze ohne Deckel etwa 10 Minuten ziehen lassen.

Die Mischung abkühlen lassen und eventuell glatt pürieren. Die Marinade in einen luftdichten Behälter füllen. Hält sich im Kühlschrank bis zu 1 Woche.

Dicke BBQ-Marinade

CA. 300 ML
CA. 10 MINUTEN

2–3 Knoblauchzehen
2 TL fein gehackter roter Chili, z. B. Spanischer Pfeffer
150 ml Kirschmarmelade
100 ml Hoisinsoße
100 ml helle Sojasoße
2 EL Rotweinessig
1 TL grob gemahlener schwarzer Pfeffer

Dies ist eine meiner Lieblingsmarinaden. Vorgekochte Spareribs zu verspeisen, die sich vor dem Grillen in dieser Marinade vergnügt haben, ist wie eine Fahrt ins Paradies. Die Marinade kann aber genauso gut ein mittelmäßiges Kotelett retten, wenn gar nichts anderes mehr hilft.

Den Knoblauch schälen, fein hacken und mit den übrigen Zutaten in einen Topf geben. Aufkochen und mit Deckel etwa 5 Minuten sieden lassen. Ab und zu umrühren.

Die Marinade in einen luftdichten Behälter füllen. Hält sich im Kühlschrank bis zu 1 Woche.

Schneller Gewürzrub

CA. 100 ML
CA. 5 MINUTEN

1 ½ EL ganze Koriandersamen

2 TL Salzflocken

1 TL grob gemahlener
schwarzer Pfeffer

1 ½ EL mildes Paprikapulver

1 TL gemahlene Kardamomsamen

2 TL gemahlener Ingwer

1 TL Cayennepfeffer

2 EL Rohrzucker

2 TL gemahlene
Kreuzkümmelsamen

Dieser Rub entführt mich in Gedanken nach Nordafrika, Indien und in den Mittleren Osten. Aromatisch, scharf und würzig, wie er ist, passt er wunderbar zu Lamm, Hühnchen und Schweinefleisch.

Die Koriandersamen in einem Mörser grob zerstoßen. Die restlichen Gewürze zufügen und alles vorsichtig zu einer gleichmäßigen Mischung zerkleinern.

In einem Einmachglas in der Speisekammer lagern. Hält sich ein paar Monate.

Das Fleisch gründlich mit dem Rub einreiben.

Kräuterrub mit Rauchsalz

CA. 150 ML
CA. 5 MINUTEN

2 EL Rauchsalz (auch Hickorysalz
oder Smoked Salt)

1 EL Persillade

2 EL getrockneter Estragon

2 EL getrockneter Thymian

2 TL Rohrzucker

2 TL grob gemahlener
schwarzer Pfeffer

Dieser Kräuterrub hat einen besonders aufregenden, rauchigen Ton. Er ist lecker zu Fisch, Hühnchen, Lamm – und ebenso zu Schweinefleisch. Es gibt viele Varianten von geräuchertem Salz. Probieren Sie einfach einige aus, dann werden Sie bald Ihr Lieblingssalz finden. Persillade, eine klassische Kräutermischung aus Petersilie und Knoblauch, bekommt man in gut sortierten Supermärkten.

Alle Zutaten in einem Mörser mischen und vorsichtig zerstoßen. Die Mischung soll nicht ganz zerstampft, sondern vor allem vermischt werden. In einem Einmachglas in der Speisekammer lagern. Hält sich ein paar Monate.

Nahr-haftes –
von Kartoffeln bis Pizza

Ist es nicht seltsam, dass gerade der Teil der Mahlzeit, der einfach zu variieren wäre, fast nie verändert wird? Kartoffeln, Kartoffeln und wieder Kartoffeln? Gekocht, gebraten oder im Backofen gebacken? Und das, obwohl es so viele spannende Beilagen gibt!

Einige meiner Favoriten für Beilagen aus nah und fern habe ich hier zusammengestellt. Das Angebot der Saison und die Zubereitungszeit haben meine Auswahl bestimmt. Es sind darunter Quickies, wie Gnocchisalat und Sommerlicher Kartoffelsalat Nr. 1, und Gerichte, die sich fast von selbst zubereiten, wie das Rote-Bete-Gratin. Sie sind perfekt, wenn man viele Gäste erwartet und die Zeit nicht in der Küche, sondern am Grill mit den Gästen verbringen will. Dann gibt es Beilagen wie Börek oder Risotto, die viel Liebe bei der Zubereitung erfordern, aber schrecklich lecker sind! Zum Glück gibt es ein Gericht für jede Situation. Man muss sich nur entscheiden.

Gegrillte Pizza
mit Spargel und Salsiccia

4 PORTIONEN
CA. 30 MINUTEN
+ 45 MINUTEN GEHEN

Für den Pizzateig

¼ Päckchen Hefe (12 g)

1 TL flüssiger Honig

1 TL Salz

250 ml lauwarmes Wasser

2½ EL Olivenöl

300 g Weizenmehl + 20 g Mehl
zum Kneten und Formen

Für den Belag

½ Bund grüner Spargel

1 rote Zwiebel

1–2 Salsiccias, Chorizos oder
andere gewürzte Wurst (200 g)

100 g Ziegenkäse

100 ml Ajvar (Gemüsekaviar
aus Paprika und Auberginen)

80 g grob geriebener Parmesan

Salz und grob gemahlener
schwarzer Pfeffer

Gegrillte Pizza ist unglaublich lecker. Auf dem Grill bekommt sie einen leicht rauchigen Geschmack und einen herrlich knusprigen Boden. Man kann sie als Vorspeise oder als eigenes Gericht mit einem Salat servieren. Das beste Resultat habe ich auf dem Holzkohlengrill mit geschlossenem Deckel erzielt. Der Teig wird auf dem herausnehmbaren Boden einer Pie- oder Springform gegrillt. Ein kleinerer Backstein eignet sich aber dazu mindestens genauso gut. Wenn Sie eine Avocado vorrätig haben, dann legen Sie große Avocadostücke auf die Pizza, bevor Sie sie grillen. Schmeckt sündig gut!

Die Hefe in eine Schüssel bröckeln. Honig, Salz und etwas Wasser untermischen, bis sich die Hefe aufgelöst hat. Das restliche Wasser und das Öl zufügen. Nach und nach das Mehl einrühren. Alles zu einem Teig verarbeiten und den Teig 5 Minuten in einer Küchenmaschine oder 10 Minuten von Hand kneten. Etwa 45 Minuten unter einem Tuch gehen lassen.

Spargelstangen der Länge nach teilen, die rote Zwiebel schälen und in Ringe schneiden. Wurst und Ziegenkäse in dünne Scheiben schneiden. Den Teig auf ein bemehltes Backbrett legen, in 2–4 Stücke teilen und leicht kneten. Die Stücke zu dünnen Pizzaböden ausrollen und mit Ajvar bestreichen. Spargel, Zwiebel, Wurst und Ziegenkäse darauf verteilen und mit Parmesan bestreuen. Mit Salz und Pfeffer würzen. Eine Pizza auf den bemehlten Boden einer Pie- oder Springform schieben und auf den Grill legen, der eine schöne Glut haben sollte. Den Deckel auf den Grill legen und 5–7 Minuten grillen, bis die Pizza durchgebacken ist. Ab und zu kontrollieren, ob die Glut nicht zu heiß ist. In diesem Fall den Deckel für eine Weile abnehmen. Die übrigen Pizzen auf dieselbe Weise grillen. Die fertigen Pizzen im Ofen bei 75 °C warm halten, bis alle fertig gebacken sind. Sofort servieren.

Gnocchisalat
mit Pecorino und Birnen

4 PORTIONEN
CA. 15 MINUTEN

2 kleine Knoblauchzehen

1½ EL gutes Olivenöl

2 EL fein gehackte
  Rosmarinnadeln

1 Packung frische Gnocchi
  (500 g)

2 weiche Birnen,
  z. B. Conference

Salzflocken und grob
  gemahlener
  schwarzer Pfeffer

reichlich geriebener
  Pecorino

In der Toskana habe ich einmal einen wunderbaren Salat gegessen. Er bestand lediglich aus würzigem Pecorino, weichen Birnen, Olivenöl und reichlich schwarzem Pfeffer. Einfach, aber unglaublich lecker. Ich habe den Salat noch verfeinert, indem ich Gnocchi hinzugefügt habe, die man bei der frischen Pasta im Kühlregal findet. Der Salat passt ausgezeichnet zu Fleisch, Geflügel, kräftigerem Fisch und Wurst.

Den Knoblauch schälen und fein hacken. Das Öl in einer Pfanne erhitzen und den Knoblauch darin bei schwacher Hitze weich braten. Die Pfanne vom Herd nehmen, den Rosmarin unterrühren und abkühlen lassen.

Die Gnocchi in reichlich gut gesalzenem Wasser ein paar Minuten garen, bis sie an die Oberfläche steigen. Währenddessen die Birnen halbieren, entkernen und in grobe Würfel schneiden. Die Gnocchi abgießen und gut abtropfen lassen. Dann in eine Servierschüssel umfüllen. Das Knoblauch-Rosmarin-Öl samt der Birnenwürfel unter die Gnocchi heben. Mit Salz und Pfeffer würzen.

Mit Pecorino bestreuen und sofort servieren, gern mit mehr Käse, von dem sich alle Gäste bedienen können.

Schnell zubereitet – und unglaublich köstlich!

Sommerrisotto
mit Spargel und Basilikum

4 PORTIONEN
CA. 30 MINUTEN

1 Schalotte
1 Knoblauchzehe
1 Bund grüner Spargel
1½ EL Butter
300 g Arborio-Reis
400 ml trockener Weißwein
800 ml Hühnerbrühe
1 Handvoll gehackte
   Basilikumblätter
140 g gefrorene grüne
   Erbsen, aufgetaut
80–120 g grob geriebener
   Parmesan
Salz und grob gemahlener
   schwarzer Pfeffer

Worin liegt das Geheimnis eines wunderbar cremigen Risottos? Benutzen Sie einen Holzlöffel, und rühren Sie häufig um, besonders zum Schluss. Damit locken Sie die Stärke aus den Reiskörnern, und die sorgt für die Cremigkeit. Und was bewirkt der Holzlöffel? Das wissen wohl nur die Italiener. Rühren Sie Basilikum und Erbsen erst kurz vor dem Servieren ein, denn sonst verlieren sie ihre fantastische grüne Farbe und ihr Aroma. Risotto ist ein echtes Highlight zu gegrilltem Fleisch, Fisch, Geflügel und Grillwürsten.

Schalotte und Knoblauch schälen und sehr fein hacken. Die Spargelstangen in etwa 2 cm lange Stücke schneiden, die Spitzen abschneiden und beides getrennt beiseitelegen.

Die Butter in einem Topf erhitzen und darin Zwiebel und Knoblauch anbraten. Den Reis zufügen und kurz mitbraten. Mit dem Wein ablöschen und bei schwacher Hitze einkochen, dabei ab und zu umrühren. Nach und nach etwas Brühe zufügen und einkochen, bis der Reis fast gar ist. Dabei häufig umrühren. Die Spargelstücke zugeben und unter ständigem Rühren einige Minuten mitköcheln lassen. Die Erbsen grob hacken und mit dem Basilikum und den Spargelspitzen zufügen, wenn der Risotto weich und cremig ist. Zuletzt den Parmesan einrühren und mit Salz und Pfeffer abschmecken. Sofort servieren.

Eine richtige Augenweide, die zu gegrilltem Lamm perfekt passt.

Rote-Bete-Gratin
mit Ziegenkäse

4-6 PORTIONEN
CA. 1 STUNDE

400 g geschälte Rote Beten
400 g geschälte Kartoffeln
150 g Ziegenkäse, zerbröckelt
1½ EL gehackte Rosmarinnadeln
2 TL Salz
½ TL grob gemahlener
 schwarzer Pfeffer
40 g geriebener würziger Käse

Für die Béchamelsoße
50 g Butter
45 g Weizenmehl
500 ml Vollmilch
1 Prise frisch geriebene
 Muskatnuss
Salz und weißer Pfeffer

Ein cremiges Gratin ist manchmal einfach die beste Wahl. Hier kombiniere ich Rote Beten, Kartoffeln und Ziegenkäse. Das Ergebnis schmeckt so gut, dass es glücklich macht. Außerdem ist es eine Augenweide! Das Gratin passt zu gegrilltem Lamm oder guten Lammwürsten ausgezeichnet.

Den Backofen auf 200 °C vorheizen.

Für die Béchamelsoße die Butter in einem Topf schmelzen und das Mehl einrühren. Die Milch nach und nach zufügen und unter Rühren aufkochen. Bei sehr schwacher Hitze 3-4 Minuten sieden lassen, bis die Soße eindickt. Ab und zu umrühren. Mit Muskat, Salz und weißem Pfeffer würzen. Topf vom Herd nehmen.

Rote Beten und Kartoffeln in dünne Scheiben schneiden und mit der Béchamelsoße, dem Ziegenkäse und dem Rosmarin schichtweise in eine ofenfeste Form geben. Zwischen den einzelnen Schichten salzen und pfeffern. Mit geriebenem Käse abschließen.

Im Ofen auf mittlerer Schiene 45 Minuten garen, bis das Gemüse weich ist und das Gratin Farbe bekommen hat. Aus dem Ofen nehmen und vor dem Servieren ein paar Minuten stehen lassen.

Gegrillte Guacamole-Tortillas
mit Mozzarella

4 PORTIONEN
CA. 20 MINUTEN

2 Avocados

1 kleine rote Zwiebel

2 Tomaten, gern in verschiedenen Farben

125 g Mozzarella

2 Knoblauchzehen

8 kleine Tortillafladen

Saft von ½ Limette

1 Handvoll grob gehacktes Koriandergrün

Salzflocken und grob gemahlener schwarzer Pfeffer

Tabasco

Kann man einer Guacamole widerstehen? Hier kommt meine Liebeserklärung an die Königin aller Dips: Guacamole-Tortillas vom Grill. Statt die Zutaten zusammenzumixen, schneide ich sie in größere Stücke, damit die unterschiedlichen Geschmacksrichtungen zur Geltung kommen. Die Rollen sind nahrhaft, irre lecker und außerdem praktisch für den Picknickgrill. Sie passen als Beilage zu fast jedem Grillgut.

Die Avocados schälen, teilen, entkernen und das Fruchtfleisch in dicke Scheiben schneiden. Die rote Zwiebel schälen und in dünne Ringe schneiden. Die Tomaten in dünne Scheiben schneiden. Den Mozzarella in kleinere Stücke teilen. Den Knoblauch schälen und fein hacken. Alles auf den Tortillas verteilen, den Limettensaft darübergeben, mit dem Koriander bestreuen und mit Salz, Pfeffer und Tabasco würzen. Die Tortillafladen zusammenrollen und mit Zahnstochern fixieren. Tortillarollen etwa 3 Minuten bei schwacher Hitze grillen, gern bei indirekter Wärme, sodass sie nicht über der Kohle liegen. Die Rollen nach der Hälfte der Zeit wenden. Sie sind fertig, wenn sie etwas Farbe bekommen haben und der Mozzarella geschmolzen ist. Sofort servieren.

Nahrhaft, lecker und praktisch für den Picknickgrill!

Börek
mit Feta und Knoblauchspinat

4 PORTIONEN (2 ROLLEN)
CA. 40 MINUTEN

1 große Zwiebel

2–3 Knoblauchzehen

1½ EL Olivenöl

150 g frischer Blattspinat,
küchenfertig geputzt

Salz und grob gemahlener
schwarzer Pfeffer

10 große Blätter Filo-Teig
(ca. 40 x 50 cm)

50 ml Olivenöl, zum
Bestreichen

1 Dose Kichererbsen
(ca. 400 g)

100 g Feta-Käse

Börek, Bourek oder Burek. Viele Namen
für eine herrlich knusprige Köstlichkeit:
mehrere Schichten Filo-Teig werden erst
mit Olivenöl und dann mit einer leckeren
Füllung bestrichen, wie eine Zigarre
zusammengerollt und im Backofen schön
goldbraun gebacken.

Den Backofen auf 200 °C vorheizen.

Zwiebel und Knoblauch schälen und fein hacken.
Das Öl in einer Pfanne erhitzen und darin Zwiebel und
Knoblauch weich braten. Den Spinat unterrühren und
kurz mitbraten. Mit Salz und Pfeffer würzen und etwas
abkühlen lassen.

1 Blatt Filo-Teig auf ein trockenes Küchenhandtuch
legen. Mit Öl bestreichen und 1 Blatt Teig darauflegen
und ebenfalls bestreichen. Die Prozedur wiederholen, bis
5 Teigblätter aufeinanderliegen.

Die Kichererbsen abspülen und abtropfen lassen, den
Feta-Käse zerbröckeln. Erbsen und Feta mit der Hälfte
des Spinats auf der Längsseite des Teigblatts verteilen.
An den Schmalseiten jeweils einen Rand von etwa 5 cm
aussparen, die Ränder über die Füllung falten, dann die
Teigplatte locker zusammenrollen.

Die Rolle mit der Fuge nach unten auf ein Blech mit
Backpapier legen und mit einem feuchten Küchenhandtuch bedecken. Die gleiche Prozedur mit dem restlichen
Teig und der übrigen Füllung wiederholen. Beide Rollen
mit Öl bestreichen und im Ofen etwa 25 Minuten backen,
bis sie goldbraun sind. Sofort servieren.

Südamerikanischer Reissalat
mit Pfirsich, schwarzen Bohnen und Koriander

4 PORTIONEN
CA. 25 MINUTEN

300 g Arborio-Reis

½ entkernte Chilischote,
 z. B. Spanischer Pfeffer

2 EL Rapsöl

2 Knoblauchzehen

Saft und Schale von
 2 unbehandelten Limetten

3 reife Pfirsiche

2 Frühlingszwiebeln

1 Dose schwarze Bohnen
 (ca. 400 g)

1 Handvoll grob gehacktes
 Koriandergrün

Salzflocken und grob
 gemahlener
 schwarzer Pfeffer

Dieser Reissalat schmeckt nach einem gelungenen Mix aus südamerikanischer Pampa und karibischer Leichtigkeit. Er ist nicht nur nahrhaft, sondern gleichzeitig auch leicht und frisch. Passt wunderbar zu gegrilltem Hühnchen oder Fisch.

Den Reis weich kochen, durch ein Sieb abgießen und in eine große Schüssel geben. Die Chilischoten fein hacken und mit dem Öl in ein Schälchen geben. Den Knoblauch in die Mischung pressen. Limettenschalen und -saft zufügen. Mischung in den Reis gießen und vorsichtig vermischen. Zum Abkühlen beiseitestellen.

Die Pfirsiche entkernen und in schmale Spalten schneiden. Die Frühlingszwiebeln schälen und in Streifen schneiden. Die Bohnen gut abspülen und zusammen mit Pfirsichspalten, Frühlingszwiebeln und Koriander in den Reis einrühren. Mit Salz und Pfeffer abschmecken.

Den Salat kalt oder in Zimmertemperatur servieren, am besten mit ein paar Korianderblättern garniert.

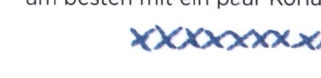

Salat aus neuen Kartoffeln
mit Meerrettich, Zitrone und Kapern

**4 PORTIONEN
CA. 25 MINUTEN**

600 g neue Kartoffeln

150 g saure Sahne

1 EL Dijonsenf

½ TL flüssiger Honig

2 EL fein geriebener Meerrettich

abgeriebene Schale von 1 unbehandelten Zitrone

Salzflocken und grob gemahlener schwarzer Pfeffer

1 kleine rote Zwiebel

90 g Kapern

evtl. mehr fein geriebener Meerrettich, zum Servieren

Dieser cremige Kartoffelsalat ist perfekt, wenn man viele Leute eingeladen hat. Der Salat wird ohne Mayonnaise zubereitet und ist dadurch nicht so mächtig – schließlich soll ja noch Platz im Magen für andere Leckereien bleiben. Wenn Sie wie ich ein Fan von frisch geriebenem Meerrettich sind, bestreuen Sie den Salat vor dem Servieren kräftig damit.

Die Kartoffeln waschen und in Salzwasser weich kochen. Abgießen und in einer Schüssel etwas abkühlen lassen. Eventuell in kleinere Stücke schneiden.

In einer anderen Schüssel saure Sahne, Senf, Honig, Meerrettich und Zitronenschale verrühren und mit Salz und schwarzem Pfeffer würzen. Das Dressing unter die warmen Kartoffeln rühren und gut vermischen. Die Zwiebel schälen, in Streifen schneiden und zusammen mit den Kapern darüber verteilen. Eventuell mit frisch geriebenem Meerrettich bestreuen.

Wird ohne Mayonnaise zubereitet und ist dadurch nicht so mächtig.

Geröstete BBQ-Kartoffeln

4 PORTIONEN
CA. 40 MINUTEN

2 rote Paprikaschoten

600 g neue Kartoffeln

2 Knoblauchzehen

1–1½ TL Chipotle-Paste

1 TL mildes Deliaktess-
   Paprikapulver
   (oder geräuchertes
   Paprikapulver)

2 EL Rapsöl

Salzflocken und grob
   gemahlener schwarzer
   Pfeffer

Leckere BBQ-Kartoffeln, die Sie so scharf würzen können, wie Sie wollen, indem Sie mit der Menge der Chipotle-Paste, einer Würze aus Mexiko, experimentieren. Sind die Kartoffeln groß, schneiden Sie sie in Spalten. Sind sie klein und fein, können Sie sie rösten, wie sie sind.

Den Backofen auf 225 °C vorheizen (Grillfunktion). Die Paprika waschen, entkernen und in grobe Stücke schneiden. Die Kartoffeln waschen und eventuell in Spalten schneiden. Den Knoblauch schälen, fein hacken und mit Paprika und Kartoffeln in eine ofenfeste Form geben. Chipotle-Paste, Paprikapulver und Öl in einer Schale verrühren. In die Form geben und mit der Paprika und den Kartoffeln vermischen. Mit Salz und Pfeffer würzen.

Im Ofen etwa 30 Minuten rösten, bis die Kartoffeln gar sind und alles Farbe bekommt. Sofort servieren.

Sommerlicher Kartoffelsalat Nr. 1
mit gebräunter Butter, Dill und Pfifferlingen

4 PORTIONEN
CA. 20 MINUTEN

600 g neue Kartoffeln
Salz
75 g Butter + etwas
 Butter zum Anbraten
1 Handvoll gehackter Dill
175 g Pfifferlinge
Salzflocken

Dieses Rezept ist der Trumpf für Ihr Sommerfest – ein Kartoffelsalat, der so lecker ist, dass man fast süchtig danach wird. Das Geheimnis? Butter natürlich. Falls Sie keine Pfifferlinge bekommen, können Sie sie auch einfach weglassen.

Die Kartoffeln waschen, in leicht gesalzenem Wasser weich kochen und in eine Schüssel geben. Die Butter bei mittlerer Hitze in einem Topf schmelzen, bis sie goldbraun ist und leicht nussig riecht. Vom Herd nehmen und die Butter einige Minuten stehen lassen. Währenddessen die Pfifferlinge in einer Pfanne in etwas Butter braten, bis sie Farbe bekommen, dann mit Salz würzen.

Die geschmolzene Butter durch ein feines Sieb gießen, um den braunen Bodensatz loszuwerden. Den Dill in die Butter einrühren und mit den Kartoffeln vermischen. Mit den Pfifferlingen bestreuen und mit Salzflocken würzen. Sofort servieren.

Salate –
von Artischocken bis Zucchini

Zum Beispiel ein gegrilltes *bife de chorizo* mit leckeren Tomaten in Argentinien, Kalbfleisch mit jungem Fenchel in Italien oder ein frisch gegrillter Aal mit in Butter gebratenen Pfifferlingen an einem See in Småland… Manchmal, besonders an den schönsten und wärmsten Sommertagen, braucht man nicht mehr zum Glück, als etwas Gutes auf dem Grill und frisches Gemüse.

Im Takt der Jahreszeiten bekommen die verschiedenen Gemüsesorten immer wieder würdige Nachfolger. Der vitale Spargel und die knackigen Radieschen des Frühsommers werden im Sommer durch süße Tomaten und aromatischen Fenchel ersetzt, zarte Zucchini durch Karotten und verschiedene Kohlsorten, wenn die Tage im Herbst kürzer werden. Das ist der natürliche Rhythmus. So gibt es in jeder Saison leckeres Gemüse – ob das nun ein Salat mit gegrillten Zucchini im Juni ist oder ein Blumenkohlsalat beim Wintergrillen.

Gegrillte Artischocken
mit Gremolata-Streuseln

4 PORTIONEN
CA. 40 MINUTEN

4 junge, lilafarbene
 Artischocken
½ Zwiebel, geschält
2 Lorbeerblätter
Saft von ½ Zitrone
1 Prise Zucker
Salz
Olivenöl
50 g Butter, zum Servieren

Für die Gremolata-Streusel
2 Knoblauchzehen
2 EL fein gehackte Petersilie
abgeriebene Schale von
 1 unbehandelten Zitrone
½ TL Salzflocken
grob gemahlener schwarzer
 Pfeffer

Dieses Gericht gelingt am besten, wenn die Artischocken noch jung und zart sind. Ihre Hüllblätter, die man nach und nach abzupft, haben eine unvergleichliche lila-grüne Farbe. Je kleiner die Artischocken sind, desto kürzere Kochzeit benötigen sie. Stechen Sie zur Probe einen Zahnstocher in den Stängel, um sicherzugehen, dass die Artischocken schon weich sind.

Die Artischockenstängel fast ganz abschneiden. Die Zwiebel in Spalten schneiden. Die Artischocken mit dem Stängel nach oben in einen großen Topf stellen. Mit Wasser bedecken und die Zwiebel mit dem Lorbeer, dem Zitronensaft sowie dem Zucker und reichlich Salz zufügen. Einen Deckel, der kleiner ist als der Topf, oder einen hitzebeständigen Teller auf die Artischocken legen, um sie im Wasser zu halten.

Das Wasser aufkochen, dann die Hitze reduzieren und die Artischocken im siedenden Wasser in etwa 20 Minuten (die Zeit variiert je nach Größe) weich garen. Die Artischocken etwas abkühlen lassen, der Länge nach durchschneiden und die Hälften mit Öl bestreichen.

Den Knoblauch für die Gremolata-Streusel schälen und fein hacken, dann in einer Schüssel mit Petersilie, Zitronenschale, Salz und Pfeffer vermischen.

Die Artischocken über der heißen Glut grillen, bis sie auf beiden Seiten Farbe bekommen haben. Mit den Gremolata-Streuseln und der Butter servieren.

Nektarinen-Zuckererbsen-Salat
mit Sesamdressing

4 PORTIONEN
CA. 15 MINUTEN

3 EL Sesamsamen
4 reife Nektarinen
100 g Zuckererbsen
½ rote Zwiebel
1 EL Rapsöl
1 TL Sesamöl
Saft von ½ Zitrone
½ TL flüssiger Honig
grob gemahlener
 schwarzer Pfeffer
25 g frischer Blattspinat
Salzflocken

Von all meinen Reisen hat mich bisher kulinarisch vor allem Japan beeindruckt. Ich habe mich dort unsterblich in Sesam verliebt: Sesamöl, geröstete Sesamsamen, gemahlene Sesamsamen … Sesam ist in den meisten Kombinationen unglaublich lecker. Ein wenig Schärfe, etwas Süße und Nussigkeit machen diesen Salat mit Sesam zur perfekten Beilage für leichtere Grillgerichte wie Fisch, Meeresfrüchte und Hühnchen. Sie sollten ihn unbedingt auch mal zu gegrilltem Nackensteak oder Spareribs probieren.

Den Sesam in einer trockenen Pfanne bei mittlerer Hitze rösten, bis er Farbe bekommt. Er verbrennt leicht, also behalten Sie die Pfanne im Auge.

Die Nektarinen halbieren, die Kerne entfernen und das Fruchtfleisch in Spalten schneiden. Die Zuckererbsen längs in Streifen schneiden. Die Zwiebel schälen und in Ringe schneiden.

Die Hälfte des gerösteter Sesams in einer Mühle oder in einer Küchenmaschine fein mahlen und mit Raps- und Sesamöl, Zitronensaft und Honig zu einem Dressing verrühren. Mit reichlich schwarzem Pfeffer würzen.

Nektarinen, Erbsen und Zwiebelringe mit dem Spinat in eine Servierschüssel geben. Das Dressing darübergeben und den Salat vorsichtig mischen. Mit grobem Salz würzen und mit dem restlichen Sesam bestreuen.

Gegrillter Zucchinisalat
mit Mozzarella und Pinienkernen

4 PORTIONEN
CA. 15 MINUTEN

30–60 g Pinienkerne
500 g Zucchini
2 EL Olivenöl
2–3 Zweige frischer Oregano
125 g Mozzarella
Salzflocken und grob
  gemahlener schwarzer
  Pfeffer

Wenn ich Zucchinischeiben grille, dann möchte ich einen weichen Kern und eine schön gegrillte Oberfläche haben. Dazu muss man die Scheiben auf den Grill legen, wenn die Glut richtig gut ist. Ist die Hitze zu groß, verbrennt die Zucchini schnell, ist sie zu schwach, bekommt man keine schöne Grilloberfläche hin. Ich habe das Gericht mit Mozzarella ergänzt, Feta-Käse ist aber mindestens genauso gut.

Die Pinienkerne in einer trockenen Pfanne bei mittlerer Hitze rösten, bis sie goldbraun sind. Sie verbrennen leicht, also auf die Pfanne achtgeben.

Die Zucchini in etwa 5 mm dicke Scheiben schneiden. Auf beiden Seiten mit Öl bestreichen, salzen und pfeffern. Die Zucchinischeiben auf jeder Seite 2 Minuten grillen, bis sie Farbe bekommen haben. Währenddessen die Oreganoblätter von den Zweigen streifen.

Die Zucchinischeiben auf einen Servierteller legen und mit den gerösteten Pinienkernen und dem Oregano bestreuen. Den Mozzarella in kleine Stücke zerteilen und gleichmäßig darauf verteilen. Mit Salz und Pfeffer würzen. Sofort servieren.

Taboulé
mit Petersilie und Minze

4 PORTIONEN
CA. 15 + 30 MINUTEN

2 Knoblauchzehen
1 rote Zwiebel
½ Salatgurke
3 große Tomaten, entkernt
400 g in Hühnerbrühe
  gekochter Weizen
Saft und abgeriebene Schale
  von 1 unbehandelten
  Zitrone
50 ml gutes Olivenöl
3 EL gehackte Minzeblätter
1 Handvoll gehackte
  Petersilie
Salz und grob gemahlener
  schwarzer Pfeffer

Wenn ich libanesische *mezze* esse, gibt es darunter ein Gericht, von dem ich nie genug kriegen kann: Taboulé. Normalerweise wird es aus Bulgur gemacht, aber hier sollen unsere schwedischen Körner mal zu Ehren kommen, und so bereite ich das Taboulé aus Weizen zu. Ich mag darin auch viel Petersilie, Minze und Säure, sprich Zitrone. Mein Taboulé serviere ich sowohl zu gegrillten Würsten wie zu Lamm, Rind und Schweinefleisch. Der nahrhafte Salat schmeckt am Tag danach fast noch besser. Bereiten Sie am besten eine große Schüssel davon zu, dann reicht es vielleicht für das nächste Mittagessen.

Knoblauch und Zwiebel schälen und fein hacken. Gurke und Tomaten ebenfalls fein hacken. Alles mit dem gekochten Weizen, Saft und Schale der Zitrone sowie Öl in einer großen Schüssel vermengen. Die Kräuter unter die Mischung heben und mit Salz und schwarzem Pfeffer abschmecken.

Das Taboulé vor dem Servieren mindestens 30 Minuten durchziehen lassen.

Brotsalat
mit jungem Sommergemüse

4–6 PORTIONEN
CA. 20 + 20 MINUTEN

4 dicke Scheiben Bauernbrot
vom Vortag

2 EL Olivenöl

2 kleine Knoblauchzehen,
sehr fein gehackt

1 kleiner Brokkoli

8 Stangen grüner Spargel

10 Cocktailtomaten

100 g Zuckererbsen

1 kleine rote Zwiebel,
geschält

1 kleine Salatgurke

1 Bund Erbsensprossen

1 EL weißer Balsamico-Essig

2 EL gutes Olivenöl

Salzflocken und grob
gemahlener schwarzer
Pfeffer

Oh, mein geliebter Brotsalat! Nahrhaft, knusprig und so einfach für viele Gäste zuzubereiten. Hier ist meine Variante des Brotsalats mit jungem Sommergemüse, aber Sie können stattdessen auch Gemüse der Saison verwenden.

Den Backofen auf 225 °C vorheizen (Grillfunktion).

Die Brotscheiben auf ein Backblech legen. Öl und Knoblauch in einer Schüssel mischen und die Scheiben auf beiden Seiten mit dem Knoblauchöl bestreichen. Das Brot im Ofen 10 Minuten rösten, bis es Farbe bekommt. Die Scheiben ab und zu wenden, sodass sie rundherum gleichmäßig goldbraun sind. Das Brot etwas abkühlen lassen und in grobe Stücke brechen oder schneiden.

Den Brokkoli in Röschen zerteilen. Die holzigen Enden des Spargels abschneiden und den Rest in grobe Stücke schneiden. Brokkoli und Spargel in gesalzenem Wasser blanchieren und mit eiskaltem Wasser abschrecken. Tomaten und Erbsen halbieren und die Zwiebel in dünne Ringe schneiden. Die Gurke in grobe Stücke schneiden.

Das Gemüse mit den Sprossen, Brot und Öl in einer Servierschüssel schwenken. Mit Salz und Pfeffer würzen und vor dem Servieren etwa 20 Minuten ziehen lassen.

... oder verwenden Sie das Gemüse, das gerade Saison hat.

Grüner-Papaya-Salat aus Karotten

4 PORTIONEN
CA. 15 MINUTEN

500 g Karotten
½ entkernte Chilischote,
 z. B. Spanischer Pfeffer
2 Knoblauchzehen,
 geschält
½ TL Salz
1½ EL Zucker
Saft von 1 Limette
3 EL Fischfond
evtl. mehr Limettensaft
 und Fischfond,
 nach Bedarf

In diesen Salat gehören normalerweise unreife Papayas, aber man kann ihn mindestens genauso gut mit Karotten oder Rettich zubereiten. Papayasalat ist in Laos und in Thailand sehr verbreitet und von einer herzhaften Frische, die ich besonders liebe. Die laotische Frau, die mir gezeigt hat, wie man den Salat macht, erzählte, der Trick liege in der Art, wie man die Gewürze im Mörser zerkleinert, nämlich mit viel Hingabe.

Die Karotten schälen und mit einer Reibe oder einem Gemüsehobel grob reiben. Man kann sie auch in dünne Scheiben hobeln und der Länge nach in feine Streifen schneiden. Chili und Knoblauch hacken und zusammen mit Salz und Zucker in einem Mörser mischen. Alles fein zerstoßen, dann Limettensaft und Fischsoße zufügen. So lange weitermörsern, bis eine glatte Paste entsteht.

Die Karotten zufügen und weitermörsern, bis alles gut miteinander vermischt ist. Abschmecken und eventuell mehr Limettensaft oder Fischsoße zufügen.

Fenchel-Slaw

4 PORTIONEN
CA. 10 MINUTEN

1 große Fenchelknolle

200 ml türkischer
 Naturjoghurt

1 EL Dijonsenf

abgeriebene Schale
 von ½ unbehandelten
 Orange

1 TL Weißweinessig

1 EL Mayonnaise

1 Prise Zucker

Salz und grob gemahlener
 schwarzer Pfeffer

Sternanis, Fenchel und Anis stehen bei mir wegen ihrer milden Lakriznote hoch im Kurs. Fenchel ist mitten im Sommer am besten. Dann esse ich ihn fast täglich, zum Beispiel in feine Streifen geschnitten, mit Zitronensaft, Olivenöl und grobem Salz. Oder wie hier, in einem cremigen Krautsalat *(slaw)* mit einem Hauch von Orange. Denken Sie daran, die härteren Fenchelstücke aufzuheben, die Sie eventuell wegschneiden. Sie passen perfekt in Pastasoße, Suppe oder Fischeintopf.

Den Fenchel teilen, waschen, und den harten Strunk in der Mitte wegschneiden. In sehr feine Streifen schneiden und mit den restlichen Zutaten in einer Servierschüssel vermischen. Mit Salz und Pfeffer abschmecken.

Cremiger Krautsalat mit einem Hauch von Orange.

Es gibt viele fantastische Kohlgerichte.

Krautsalat
mit Radieschen, Speck und Citronette

**4 PORTIONEN
CA. 10 MINUTEN**

140 g Frühstücksspeck

3 EL Olivenöl

abgeriebene Schale
und Saft von
1 unbehandelten
Zitrone

Salz und grob
gemahlener
schwarzer Pfeffer

½ Bund frische
Radieschen

500 g Rotkohl

Kohl ist eine unterschätzte Gemüseart – nicht zuletzt, weil es so viele fantastische Variationsmöglichkeiten gibt. Im Sommer schneide ich zum Beispiel frischen Kohl in ganz feine Streifen und mache daraus einen wunderbaren Krautsalat. Dabei kommt der Gemüsehobel, eines meiner liebsten Küchengeräte, zum Einsatz. Ein scharfes Messer tut es aber auch.

Den Speck in Streifen schneiden und knusprig braten. Das Öl in einer Schüssel mit Schale und Saft der Zitrone verrühren. Mit Salz und Pfeffer abschmecken.

Die Radieschen waschen, putzen und in ganz dünne Scheiben schneiden. Den Kohl in feine Streifen schneiden und mit den Radieschen und dem Dressing in einer Schüssel vermischen. Mit Salz und Pfeffer abschmecken und mit dem knusprig gebratenen Speck bestreuen.

Tomaten-Erdbeer-Salat
mit Basilikum und Knoblauch

4 PORTIONEN
CA. 10 MINUTEN

250 g Erdbeeren

300 g Cocktailtomaten

ca. 15 Basilikumblätter

1 Knoblauchzehe

1 EL Olivenöl

Salzflocken und grob
  gemahlener schwarzer
  Pfeffer

Das hier ist genau mein Geschmack von Sommeressen: einfach, schnell und voller Aroma – und außerdem lecker zu absolut allem vom Grill.

Die Erdbeeren und die Tomaten waschen, putzen und halbieren. Die Basilikumblätter in kleinere Stücke zupfen oder schneiden. Den Knoblauch schälen und fein hacken. Alles zusammen mit Öl in einer Servierschüssel schwenken. Mit Salz und schwarzem Pfeffer würzen.

Indischer Blumenkohlsalat
mit Mandeln

4 PORTIONEN
CA. 10 MINUTEN

ca. 75 g Mandeln
400 g Blumenkohl
1 TL Garam Masala
1 TL Kreuzkümmelsamen
½–1 TL Chiliflocken
1 EL Rapsöl
3 EL frisch gepresster
 Orangensaft
½ TL flüssiger Honig
Salz und grob gemahlener
 schwarzer Pfeffer

Geröstete Nüsse in jeder Form können den langweiligsten Salat aufpeppen. Nun, dies hier ist kein langweiliger Salat – bei Weitem nicht –, aber die Mandeln sind trotzdem das i-Tüpfelchen. Probieren Sie den Salat einmal zu gegrilltem Hühnchen, leckeren Grillwürsten oder Lamm mit indischen Gewürzen. Sie werden es ganz bestimmt nicht bereuen!

Die Mandeln mit kochendem Wasser übergießen, schälen und in einer trockenen Pfanne bei mittlerer Hitze rösten, bis sie Farbe bekommen. Sie verbrennen leicht, also auf die Pfanne achtgeben.

Den Kohl in Röschen zerteilen und in gesalzenem Wasser bissfest garen. In einem Sieb abtropfen lassen. Währenddessen Gewürze, Öl, Orangensaft und Honig zu einem Dressing verrühren. Den gekochten Blumenkohl mit dem Dressing in einer Servierschüssel schwenken und mit Salz und Pfeffer abschmecken. Die Mandeln grob hacken und über den Salat streuen. Den Salat warm oder kalt servieren.

Die Mandeln sind das i-Tüpfelchen.

Winter-Veggie-Alternative: gefrorene Bohnen.

Bohnensalat
mit Kräutern und Halloumi

**4 PORTIONEN
CA. 10 MINUTEN**

150 g grüne Bohnen

150 g Wachsbohnen

75 ml Olivenöl

1 Handvoll gehackte
   Kräuter (z. B. Oregano,
   Thymian und Basilikum)

1 kleine Knoblauchzehe,
   gerieben

200 g Halloumi-Käse

Olivenöl, zum Braten

Salzflocken und grob
   gemahlener schwarzer
   Pfeffer

Hier habe ich grüne Bohnen und Wachs-bohnen verwendet. Sie können natürlich auch die Bohnen verarbeiten, die gerade Saison haben. Für einen Grillabend im Winter kann man den Salat genauso gut mit tiefgefrorenen Bohnen machen – die Winter-Veggie-Alternative.

Die Bohnen putzen und kurz in gesalzenem Wasser biss-fest blanchieren. Das Wasser abgießen, die Bohnen gut abtropfen lassen und in eine große Schüssel geben. Öl, Kräuter und Knoblauch zusammenrühren. Das Dressing zu den warmen Bohnen geben und vermischen.

Den Halloumi in dünne Scheiben schneiden. Das Öl in einer Pfanne erhitzen und die Halloumi-Scheiben auf jeder Seite 1 Minute braten, bis sie Farbe bekommen haben. Halloumi mit den Bohnen vermengen, mit Salz und schwarzem Pfeffer abschmecken. Sofort servieren.

Soße, Salsa und Butter

Alles braucht seine Zeit – und jede Soße hat ihre Mahlzeit! So ist das. Es gibt einen Grund, warum ein Steak mit Sauce béarnaise so fantastisch schmeckt. Ähnlich ist der Effekt bei Hühnchen mit Currysoße, Lammkoteletts mit Tsatsiki und Backkartoffeln mit Knoblauchbutter. Manche Gerichte brauchen einfach eine bestimmte Art von Soße, oder besser, von Soße, Salsa oder Butter. Hier habe ich einige raffinierte Rezepte zusammengestellt, mit denen Sie während der gesamten Grillsaison soßenmäßig sozusagen aus dem Schneider sind: kalte und warme Soßen, himmlische Varianten mit Butter sowie Salsas und blitzschnelle Joghurtsoßen. Wer weiß, vielleicht stoßen Sie hier auf Ihre persönliche Traumkombination? Ich weiß jedenfalls, welche meine ist: Spareribs mit asiatischer Kirschsalsa. Ich sage nur: Steak und Sauce béarnaise – nehmt euch in Acht!

Warme Soßen

Warme Soßen sind aufwendiger als blitzschnelle Joghurtsoßen, aber die Rezepte, die ich zusammengestellt habe, sind keineswegs schwierig. Solange Sie gute Zutaten verwenden und etwas Geduld haben, werden Sie mit diesen Soßen brillieren. Für Rotweinsoßen verwende ich einen Wein, den man auch zum Essen trinken kann. Das macht den Unterschied. Und um möglichst viel Aroma aus den Paprika für die geröstete Paprikacreme auf Seite 76 herauszuholen, muss man sie stark rösten. Keine Angst vor schwarzen Schalen – darunter schlummert eine fantastische Süße.

Rosmarin-Zitronen-Hollandaise

4 PORTIONEN
CA. 15 MINUTEN

200 g Butter

2 Eigelbe

2 EL Wasser

½ TL frisch gepresster Zitronensaft

abgeriebene Schale von ¼ unbehandelten Zitrone

1 EL fein gehackte Rosmarinnadeln

Salz

Sauce hollandaise kann tatsächlich ein Gottesgeschenk an die Menschheit sein. Hier würze ich sie noch mit frischem Rosmarin und Zitrone. Vielleicht wäre ja das Klima auf unserer Erde etwas freundlicher, wenn diese Soße mal dem Herrscher der Welt serviert würde… Jedenfalls schmeckt sie zu gegrilltem Gemüse und Fisch überirdisch lecker.

Die Butter in einem kleinen Topf schmelzen.

Einen größeren Topf zur Hälfte mit Wasser füllen und einen kleineren Topf hineinstellen. In dem kleinen Topf Eigelbe und Wasser gut verschlagen. Das Wasser im unteren Topf erhitzen, aber nicht zum Kochen bringen. Die Eiermasse so lange konstant rühren, bis sie beginnt einzudicken.

Den Topf aus dem Wasserbad und vom Herd nehmen und die geschmolzene Butter unter ständigem, kräftigem Rühren in einem dünnen Strahl hineingießen. Dabei sollte der weiße Bodensatz der Butter nicht mitkommen. Die cremige Soße mit Zitronensaft und -schale, Rosmarin und Salz würzen. Sofort servieren.

Geröstete Paprikacreme

4–6 PORTIONEN
CA. 30 MINUTEN

2 rote Paprikaschoten
2 gelbe Paprikaschoten
1 große Zwiebel
3 Knoblauchzehen
50 ml Olivenöl
Salz und grob gemahlener
  schwarzer Pfeffer
½ TL frisch gepresster
  Zitronensaft

Diese würzige Creme passt zu fast allem auf dem Grill gut, besonders lecker aber schmeckt sie zu Wurst. Bereiten Sie am besten gleich eine große Schüssel von der Paprikacreme zu, und lagern Sie sie im Kühlschrank. Dort hält sie sich 1 Woche.

Den Backofen auf 250 °C vorheizen (Grillfunktion).

Die Paprikaschoten waschen, halbieren und entkernen. Die Zwiebel schälen und in Spalten schneiden, den Knoblauch schälen und grob hacken. Die Paprikaschoten mit der Schale nach oben zusammen mit Zwiebeln und Knoblauch in eine ofenfeste Form legen. Mit Öl beträufeln und im Ofen etwa 20 Minuten rösten, bis die Paprikaschale schwarz und blasig ist.

Die Paprikaschoten ganz abkühlen lassen und dann die Schale abziehen. Paprika und alles aus der Form in einen Mixer geben und zu einer glatten Soße pürieren. Mit Salz, Pfeffer und Zitronensaft abschmecken und die Creme lauwarm servieren.

Eine würzige Creme, die besonders gut zu Grillwurst passt.

Jimmies Rotweinsoße
mit Erdbeeren und Piri-Piri

4 PORTIONEN
CA. 20 MINUTEN

2 Schalotten

1 große Knoblauchzehe

1 Karotte

1 getrocknete Piri-Piri

1 EL Butter

1 TL fein gehackte frische
   Thymianblättchen

400 ml Rotwein

100 ml konzentrierter
   Erdbeersirup

2 EL Rinderfond

2 EL Balsamico-Essig

Salz und grob gemahlener
   schwarzer Pfeffer

Maisstärke, nach Bedarf

Mein australischer Freund Jimmie ist verrückt nach Chili. Diese unglaubliche Rotweinsoße hat er kreiert. Sie schmeckt unheimlich lecker, aber sicher ist, dass Jimmie in seine Soße viel mehr Piri-Piri gegeben hat, als ich es hier wagen würde.

Schalotten, Knoblauch und Karotte schälen und sehr fein hacken. Die Piri-Piri der Länge nach teilen.

Die Butter in einem weiten Topf schmelzen und das gehackte Gemüse mit Thymian und Piri-Piri hineingeben. Einige Minuten bei starker Hitze braten. Wein, Sirup, Fond und Essig zufügen und umrühren. Ohne Deckel etwa 15 Minuten kochen, bis die Hälfte der Soße eingekocht ist.

Die Soße durch ein feines Sieb gießen. Die Flüssigkeit zurück in den Topf schütten, mit Salz und Pfeffer würzen und nach Bedarf mit Stärke abbinden.

BBQ-Soße

6 PORTIONEN
CA. 15 MINUTEN

1 große Zwiebel

2 Knoblauchzehen

3 große Tomaten

1 rote Paprikaschote

50 ml Olivenöl

2 EL Worcestersoße

½ TL Flüssigrauch
  (Liquid Smoke)

3 EL brauner Zucker

2 EL Tomatenmark

Tabasco

Salz und grob gemahlener
  schwarzer Pfeffer

Eine leckere Barbecue-Soße lässt sich ruck, zuck zubereiten. Ich mixe sie gern etwas gröber, um größere Stückchen in der Soße zu haben. Wichtige Zutat ist Flüssig-rauch *(liquid smoke)*, den es in vielen gut sortierten Lebensmittelgeschäften und Baumärkten gibt. Man braucht nur sehr wenig davon, um einen herrlich rauchigen Ton in die Soße zu zaubern.

Zwiebel und Knoblauch schälen und hacken. Tomaten und Paprika waschen, putzen und grob hacken. Das Öl in einem Topf erhitzen und das gehackte Gemüse ein paar Minuten bei hoher Temperatur braten. Die übrigen Zutaten außer Tabasco, Salz und Pfeffer zufügen und bei mittlerer Hitze bedeckt 10 Minuten kochen lassen. Ab und zu umrühren.

Die Soße mit einem Stabmixer glatt pürieren und mit Tabasco, Salz und Pfeffer abschmecken. Die Soße warm oder lauwarm servieren.

Gorgonzolasoße mit grünem Pfeffer

4 PORTIONEN
CA. 10 MINUTEN

2 Schalotten
1 TL grüner Pfeffer
  (in Salzlake)
2 EL Butter
2 EL Cognac oder Calvados
200 g Schlagsahne
100 g Gorgonzola-Käse
Salz

Eine perfekte Soße für die Grillabende, an denen man Lust auf etwas Cremiges, Mildes und zugleich Mächtiges hat. Man kann die Soße wunderbar vorbereiten. Vor dem Servieren muss man sie nur aufwärmen und den Gorgonzola einrühren.

Die Schalotten schälen und fein hacken, den grünen Pfeffer sehr fein hacken. Die Mischung mit der Butter in einem Topf anbraten, bis die Schalotten weich geworden sind. Cognac oder Calvados und die Sahne zufügen und aufkochen. Hitze reduzieren und etwa 5 Minuten sieden lassen. Ab und zu umrühren.

Den Topf vom Herd nehmen und den Gorgonzola in kleinen Stücken untermischen und gründlich einrühren. Mit Salz abschmecken.

Die perfekte Soße, wenn man Lust auf Mildes, Cremiges hat.

Kalte Soßen

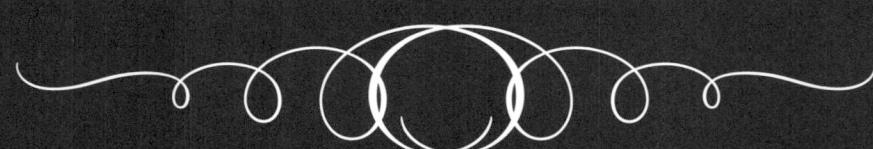

Die Sache mit der kalten Soße ist ganz einfach: Es gibt heiße Sommertage, an denen am Abend die Luft so warm und voll von dem Gezirpe der Grillen ist, dass man am liebsten die Nacht draußen verbringen möchte. Das ist die Zeit für kalte Soßen. An solchen Tagen stelle ich Schälchen mit argentinischem *chimichurri* und manchmal auch Erbsen-Minz-Creme auf den Tisch, dippe Brot hinein und esse die Soßen zu gegrilltem Fleisch und Fisch. Bleibt von den Soßen wider Erwarten etwas übrig – macht nichts: Sie halten sich ohne Weiteres mehrere Tage.

Bohnencreme mit Trüffel

4 PORTIONEN
CA. 5 MINUTEN

1 Dose große weiße
  Bohnen (ca. 400 g)
1 große Knoblauchzehe
200 g Crème fraîche
Trüffelöl, nach Belieben
  und Geschmack
Salz und schwarzer Pfeffer

Ich liebe blitzschnelle Soßen und Cremes zum Dippen, als Dressing für Salate oder als Marinade, um Fisch oder Fleisch darin einzulegen. Die Bohnencreme ist eine solche Creme. Sie ist so lecker, dass ich manchmal die Schüssel ausschlecke. Geben Sie das Trüffelöl ganz zum Schluss nach und nach hinzu, sodass es nicht zu wenig und nicht zu viel des Guten wird.

Die Bohnen abspülen, gut abtropfen lassen und in eine Schüssel füllen. Den Knoblauch schälen, fein hacken und mit 1 Klecks Crème fraîche in die Schüssel geben.

Alles mit einem Stabmixer glatt pürieren. Die restliche Crème fraîche zufügen und umrühren. Mit Trüffelöl, Salz und Pfeffer würzen. Bis zum Servieren kühl stellen.

Curry-Pfirsich-Chutney

4 PORTIONEN
CA. 15 MINUTEN

1 große Zwiebel
1 EL Rapsöl
1 EL Curry
1 TL Kurkumapulver
 (Gelbwurzelpulver)
100 ml Weißweinessig
6 Pfirsichhälften (aus der Dose)
100 ml Pfirsichsaft
 (aus der Dose)
Salz und grob gemahlener
 schwarzer Pfeffer

Mit diesem Chutney grüßen die Aromen Südafrikas. Es ist angenehm scharf, fruchtig und irrsinnig lecker, beispielsweise zu gegrilltem Schweine- oder zu Hühnchenfleisch. Wollen Sie ein etwas pikanteres Chutney, dann verwenden Sie dazu ein Curry mit mehr Schärfe.

Die Zwiebel schälen und in Ringe schneiden. Das Öl in einem Topf erhitzen und darin Zwiebelringe, Curry und Kurkuma anbraten. Den Essig zufügen und mit Deckel 2–3 Minuten kochen, bis die Zwiebelringe weich sind.

Die Pfirsiche aus der Dose nehmen und den Saft aufheben. Die Hälften grob hacken und mit 100 ml Saft in den Topf geben. Bei schwacher Hitze mit Deckel etwa 10 Minuten sanft köcheln lassen. Dabei ab und zu rühren. Das Chutney mit Salz und Pfeffer würzen und in ein gut gesäubertes Einmachglas füllen. Es hält sich etwa 10 Tage im Kühlschrank.

Angenehm scharf, fruchtig und besonders lecker zu Grillfleisch.

Nobis-Soße mit Essig und Schnittlauch

**4 PORTIONEN
CA. 10 MINUTEN**

1 Ei
1 EL Branntweinessig
(12 % Alkohol)
1 TL Dijonsenf
1 Knoblauchzehe
200 ml Rapsöl
2 EL kleine
Schnittlauchröllchen
Salz und grob gemahlener
schwarzer Pfeffer

Ich püriere mayonnaiseartige Soßen am liebsten mit einem Stabmixer. So ist die Gefahr geringer, dass die Sauce gerinnt, also flüssig und körnig wird und absolut misslingt. Man kann die Soße natürlich auch mit einem Schneebesen schlagen. Manche behaupten, dass die berühmte Nobis-Soße, die in Stockholm erfunden wurde, dann noch viel besser wird. Diese Soße passt besonders gut zu Fisch, am besten zu etwas fetterem.

Das Ei in kochendes Wasser einlegen und etwa 3 Minuten kochen lassen. Herausnehmen und mit kaltem Wasser abschrecken. Das Ei aushöhlen und das Eigelb in einer sauberen Schüssel mit dem Essig und dem Senf mischen. Den Knoblauch schälen, hineinreiben und die Mischung mit einem Stabmixer oder mit einem Schneebesen von Hand glatt rühren.

Anfangs das Öl tropfenweise dazugeben, dann in einem dünnen Strahl. Die ganze Zeit über mixen oder mit dem Schneebesen schlagen, bis die Mischung cremig wird. Mit Schnittlauch, Salz und Pfeffer würzen.

Mayonnaiseartige Soßen püriere ich mit einem Stabmixer.

4 PORTIONEN
CA. 5 MINUTEN

2 Knoblauchzehen

1–2 Handvoll frische
   Oreganoblätter

½ rote Chili (falls sie mild ist,
   können Sie die Menge auch
   nach Belieben erhöhen)

100 ml gutes Olivenöl

2 EL guter Rotweinessig

½ TL Zucker

Salz und grob gemahlener
   schwarzer Pfeffer

Chimichurri

Wie scharf diese argentinische Soße
wird, hängt ganz davon ab, wie viel Chili
Sie verwenden. Chimichurri schmeckt
nicht nur zu gegrilltem Hühnchen, Rind-
und Schweinefleisch ganz wunderbar,
sondern auch zu einer gegrillten Chorizo.
Warum sollte sie nicht auch zu einer
gegrillten Makrele passen?

Knoblauch schälen und fein hacken. Den Oregano sehr
fein hacken. Die Chili entkernen und ebenfalls fein hacken.
Alles in einer Schüssel mischen und Öl, Essig und Zucker
zufügen. Die Soße gut vermischen und mit Salz und
Pfeffer abschmecken. Hält sich in einem luftdichten
Behälter im Kühlschrank gut 1 Woche.

Erbsen-Minz-Creme

4 PORTIONEN
CA. 5 MINUTEN

350 g tiefgefrorene grüne
   Erbsen, aufgetaut

50 ml Olivenöl

2 Minzzweige

1 TL frisch gepresster
   Zitronensaft

abgeriebene Schale von
   ½ unbehandelten Zitrone

Salz und grob gemahlener
   schwarzer Pfeffer

Diese Creme macht mich glücklich. Ich glaube, das liegt an der Farbe – oder am Geschmack. Oder liegt es ganz einfach daran, dass sie so unglaublich einfach und schnell zuzubereiten ist? Jedenfalls schmeckt sie fantastisch – auf gegrilltem Brot, zu Hühnchen und nicht zuletzt zu einem Stück weißem Fisch.

Erbsen, Öl und Minze (die Stängel ebenfalls verwenden, wenn sie zart sind, ansonsten nur die Blätter abzupfen) sowie Saft und Schale der Zitrone in einer Küchenmaschine glatt pürieren oder mit einem Stabmixer mixen. Mit Salz und schwarzem Pfeffer abschmecken.

Blitzschnelle Joghurtsoßen

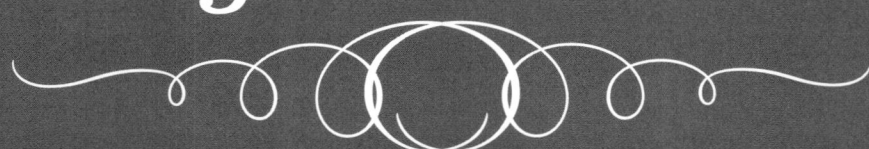

Bin ich in Eile, dann ist eine Joghurt-
soße meine Rettung. Ich habe immer
türkischen Joghurt im Kühlschrank.
Im Handumdrehen wird er zur Soße
aufgepeppt, und anderntags lege ich
das Hühnchen in Joghurtmarinade
ein. Manchmal landet der Joghurt statt
Eis auf Obst mit Schokolade oder wird
mit Nüssen und Honig zum Dessert.
Hier habe ich meine Lieblingsjoghurt-
soßen zusammengestellt. Beim Blick
in den Kühlschrank, die Speisekammer
oder den Gemüsegarten haben Sie
bestimmt noch weitere Rezeptideen.

Meine Favoriten unter den Joghurtsoßen sind ein cremiges Tsatsiki, das mit Äpfeln statt Gurken gemacht wird, und die milde Avocado-Feta-Creme, die sich ausgezeichnet als Soße, Dip und Aufstrich eignet. Meine Variante der Sauce béarnaise – eine hüftfreundlichere Version des Klassikers, die fertig ist, bevor Sie „köstliche Buttersoße" sagen können. Die scharfe Mangosoße, die ich aus tiefgefrorener Mango zubereite, und schließlich die vielseitige Minz-Limetten-Soße mit Schnittlauch.

Apfel-Tsatsiki

4 PORTIONEN
CA. 5 MINUTEN

2 säuerliche Äpfel
Saft von ½ Zitrone
½ grüne Chilischote, entkernt
200 ml türkischer Naturjoghurt
2 Knoblauchzehen, gepresst
Salzflocken und grob gemahlener schwarzer Pfeffer

———

Die Äpfel waschen, entkernen und grob reiben. Eventuell das Geriebene mit der Hand ausdrücken, wenn die Äpfel sehr saftig sind. Die geriebenen Äpfel in eine Schüssel geben und den Zitronensaft darüberpressen. Die Chilischote sehr fein hacken und zusammen mit dem Joghurt zufügen. Den Knoblauch schälen und in die Schüssel pressen. Alles gut mischen und mit Salz und Pfeffer würzen. In einen luftdichten Behälter geben und im Kühlschrank aufbewahren.

Avocado-Feta-Creme

4 PORTIONEN
CA. 5 MINUTEN

1 reife Avocado
100 g Feta-Käse
1 TL frisch gepresster Zitronensaft
200 g türkischer Naturjoghurt, zimmerwarm
grob geriebener schwarzer Pfeffer
evtl. etwas Salz

———

Die Avocado entkernen, schälen, das Avocadofleisch grob hacken und in eine Schüssel geben. Den Feta in die Schüssel bröckeln und den Zitronensaft sowie etwas Joghurt zufügen. Alles mit einem Stabmixer zu einer glatten Soße pürieren. Den Rest des Joghurts zufügen. Mit Pfeffer und eventuell etwas Salz abschmecken.

Béarnaise-Joghurt

4 PORTIONEN
CA. 5 MINUTEN

50 g Butter
1 EL getrockneter Estragon
½ TL Dijonsenf
1 TL Rotweinessig
½ TL Worcestersoße
150 g türkischer Naturjoghurt, zimmerwarm
Tabasco
Salz und grob gemahlener schwarzer Pfeffer

Butter und Estragon in einen Topf geben und die Butter schmelzen. Zur Seite stellen und etwas abkühlen lassen. Senf, Essig und Worcestersoße gut mit einem Schneebesen verschlagen, dann die geschmolzene Butter in einem dünnen Strahl unter kräftigem Schlagen einrühren. Mit Tabasco, Salz und Pfeffer würzen.

Scharfe Mangosoße

4 PORTIONEN
CA. 5 MINUTEN

200 g tiefgefrorene Mango, aufgetaut
1 EL flüssiger Honig
½ TL Sambal Oelek
1½ TL Curry
1½ TL Tomatenmark
150 g türkischer Naturjoghurt, zimmerwarm
1 EL Mayonnaise
Salz und schwarzer Pfeffer

Mango, Honig, Sambal Oelek, Curry, Tomatenmark und etwas Joghurt in einer Schüssel vermischen und mit einem Stabmixer zu einer glatten Soße pürieren. Die Mayonnaise sowie den restlichen Joghurt zufügen. Gut vermischen und zum Schluss mit Salz und Pfeffer abschmecken.

Minz-Limetten-Soße mit Schnittlauch

4 PORTIONEN
CA. 5 MINUTEN

1 Knoblauchzehe
1 Handvoll Schnittlauchröllchen
1 Handvoll fein gehackte Minze
abgeriebene Schale und Saft von ½ unbehandelten Limette
200 ml türkischer Naturjoghurt
Salz und grob gemahlener schwarzer Pfeffer

Den Knoblauch schälen, fein hacken und in einer Schüssel mit Schnittlauch, Minze, der Schale und dem Saft der Limette sowie etwas Joghurt vermischen. Alles mit einem Stabmixer zu einer glatten Soße pürieren. Den restlichen Joghurt einrühren. Mit Salz und Pfeffer abschmecken.

Salsas

Let's salsa! Aber was ist denn Salsa? Außer einem leidenschaftlichen Tanz, meine ich. Meist versteht man darunter scharf gewürztes, fein gehacktes Gemüse. Ich habe in meinen Salsas gern etwas Säure, aber mit dem „fein gehackt" nehme ich es nicht so genau. Ich mache das einfach nach Gefühl – mal sehr fein, am anderen Tag etwas gröber gehackt. Die Salsa ist manchmal soßig, manchmal hat sie eher den Charakter von Salat. Es ist eben ein bisschen wie beim Tanzen. Man muss seinem Bauchgefühl vertrauen und den Rhythmus spüren.

Asiatische Kirschsalsa

4–6 PORTIONEN
CA. 10 + 60 MINUTEN

1–2 Knoblauchzehen
2 EL frisch geriebener Ingwer
1½ EL Reisessig
1½ EL helle Sojasoße
1 TL zerstoßener Sternanis
1 Prise Zucker
500 g Kirschen
grob gemahlener
  schwarzer Pfeffer
evtl. Salz

Diese Salsa ist die beste, die ich kenne, besonders köstlich zu Spareribs, die in dicke BBQ-Marinade eingelegt wurden (siehe Seite 20). Die Kirschen sollten unbedingt leicht zerdrückt werden, weil ihr Aroma dann fantastisch zur Geltung kommt. Fischen Sie die Kerne am besten erst nach einer Weile heraus, dann geben sie noch ein wenig mehr Geschmack ab.

Den Knoblauch schälen, hacken und in einer Schüssel mit Ingwer, Essig, Sojasoße, Anis und Zucker vermischen. Die Kirschen zufügen und vorsichtig mit einem Stößel zerquetschen oder mit der Hand zerdrücken. Mit Pfeffer und eventuell Salz würzen. In ein Einmachglas füllen, verschließen und mindestens 1 Stunde im Kühlschrank durchziehen lassen.

Smokey Melonensalsa

4 PORTIONEN
CA. 5 + 20 MINUTEN

500 g entkerntes
 Fruchtfleisch einer
 Wassermelone
1 kleine rote Zwiebel
etwas Flüssigrauch
 (Liquid Smoke)
etwas Tabasco-Chipotle-Soße
1 EL Rapsöl
1 Handvoll grob gehacktes
 Koriandergrün
Salzflocken und
 grob gemahlener
 schwarzer Pfeffer

Liquid smoke ist Rauch aus der Flasche – genauso magisch wie ein Flaschengeist. Ich verwende den Flüssigrauch oft als Würze in Hamburgern oder Marinaden, besonders aber zu Melone schmeckt er unglaublich. Doch Vorsicht: „Go easy on the smoke." Man braucht nur sehr wenig für sehr viel Geschmack.

Die Melone in Würfel schneiden und in eine Schüssel geben. Die Zwiebel schälen, in feine Streifen schneiden und zusammen mit dem Flüssigrauch, Tabasco, Rapsöl und Koriander zufügen. Alles vermischen und mit Salz und Pfeffer abschmecken. Die Salsa vor dem Servieren am besten 20 Minuten durchziehen lassen.

Flüssigrauch aus der Flasche ist so magisch wie ein Flaschengeist.

Kapern-Apfel-Salsa mit Dill

4–6 PORTIONEN
CA. 5 MINUTEN

1 großer säuerlicher Apfel,
  z. B. Granny Smith

100 g Kapern (klein),
  ganz oder grob gehackt

1 Handvoll kleine
  Schnittlauchröllchen

2 EL gehackte Dillspitzen

2 EL Olivenöl

grob gemahlener
  schwarzer Pfeffer

Diese besondere Salsa habe ich zum ersten Mal zu gegrillter Makrele serviert. Die Kombination der salzig-süßen Soße mit dem fetten Fisch war einfach göttlich. Probieren Sie sie auch mal zu gegrilltem Hering oder anderem, fetterem Fisch!

Den Apfel entkernen und in möglichst kleine Würfel schneiden. Die Apfelwürfel in einer Schüssel mit Kapern, Schnittlauch, Dill und Öl vermengen und mit dem grob gemahlenen schwarzen Pfeffer abschmecken.

Salsa verde

4 PORTIONEN
CA. 10 + 20 MINUTEN

1 säuerlicher grüner Apfel,
z. B. Granny Smith

abgeriebene Schale von
1 unbehandelten Limette

Saft von ½ Limette

1 reife Avocado

Ca. ½ grüne Chilischote
(Menge abhängig von
der Schärfe), entkernt

2 Stangen Staudensellerie

½ Handvoll
Schnittlauchröllchen

1 Handvoll gehacktes
Koriandergrün

1 EL Rapsöl

Salzflocken und grob
gemahlener schwarzer
Pfeffer

Salsa verde – ist das nicht die berühmte Soße mit Petersilie, Anchovis, Kapern, Knoblauch und Olivenöl? Tja, hier kommt eine andere Variante der Salsa verde auf den Tisch, hergestellt aus den schönsten grünen Zutaten, mit frischem Geschmack und herrlicher Säure. Sie ist wie gemacht für gegrillten weißen Fisch, Hühnchen- oder Kalbfleisch. Schneiden Sie die Zutaten in etwas größere Stücke, dann bekommt die Salsa den Charakter von Salat. Hier liebe ich sie fein gehackt und mit viel, viel frischem Koriander. Wer Koriander nicht mag, ersetzt ihn durch glatte Petersilie.

Den Apfel entkernen, in etwa 1 cm große Würfel schneiden und in eine Schüssel geben. Mit der Limettenschale und dem Limettensaft vermischen. Die Avocado entkernen und schälen. Das Fruchtfleisch in etwa 1 cm große Würfel schneiden, in die Schüssel geben und untermengen. Die Chilischote fein hacken und die Selleriestangen ein- oder zweimal der Länge nach (abhängig von der Dicke) teilen und dann in kleine Würfel schneiden. Alles zusammen mit Schnittlauch, Koriander und Öl einrühren.

Die Salsa gut vermischen und mit etwas Salz und schwarzem Pfeffer abschmecken. Vor dem Servieren mindestens 20 Minuten durchziehen lassen.

... aus grünen Zutaten, mit frischem Aroma und herrlicher Säure.

Tomatensalsa mit Chipotle

4 PORTIONEN
CA. 5 MINUTEN

400 g Cocktailtomaten
½ rote Zwiebel
1 große Knoblauchzehe
½ TL mexikanische Chipotle-Paste
1 TL flüssiger Honig
1 EL frisch gepresster Orangensaft
1 Handvoll grob gehackte Petersilie
Salzflocken und grob gemahlener schwarzer Pfeffer

Die mexikanische Chipotle-Paste wird aus geräucherten Jalapeños gemacht und passt perfekt zu Gegrilltem. Eine Warnung muss ich jedoch aussprechen: Die Soße macht süchtig! Hier bringe ich die Chipotle-Paste mit Tomaten, etwas Honig und einem Hauch von Orange zusammen. Eine superleckere Kombi!

Die Tomaten waschen, putzen und in kleinere Stücke schneiden. Die Zwiebel schälen und in Streifen schneiden. Den Knoblauch schälen und in eine Servierschüssel mit Chipotle-Paste, Honig und Orangensaft reiben und alles verrühren. Tomaten, Zwiebel und Petersilie zufügen und alles zusammen schwenken. Mit Salz und schwarzem Pfeffer würzen.

Butter

Mein Tipp für gute Kräuterbutter: Wählen Sie ein passendes Butterrezept aus, denn Butter ist der dankbarste Geschmacksträger! Meine Favoriten sind: die luxuriöse Trüffel-Pinienkern-Butter und die grüne Basilikumbutter mit ihrem unvergleichlichen Geschmack, der „ich will sofort nach Italien!" schreit. Die köstliche Knoblauch-Zitronen-Butter, die von meinem Freund Mackan, der mit Knoblauch nicht geizt, inspiriert ist. Die feine Safran-Paprika-Butter… und last, but not least meine Chorizobutter – fast zu lecker, um wahr zu sein!

Trüffel-Pinienkern-Butter

6 PORTIONEN
CA. 5 MINUTEN + 2 STUNDEN

30 g Pinienkerne
150 g Butter, zimmerwarm
1 TL Trüffelöl
Salzflocken und grob
  gemahlener
  schwarzer Pfeffer

Ich mag es, wenn die Butter etwas crunchig ist. Die gerösteten Pinienkerne hacke ich deshalb so, dass noch etwas gröbere Stücke darunter sind. Beim Rösten der Kerne ist Vorsicht geboten – die Grenze zwischen braun und verbrannt ist haarscharf.

Die Pinienkerne in einer trockenen Pfanne bei mittlerer Hitze rösten, bis sie goldbraun sind. Aufpassen, dass sie nicht verbrennen! Die gerösteten Pinienkerne fein hacken. In einer Schüssel mit Butter und Trüffelöl verkneten und mit Salz und Pfeffer würzen.

Die Kräuterbutter auf Backpapier löffeln und zu einer dichten Wurst zusammenrollen und mindestens 2 Stunden im Gefrierschrank liegen lassen. Etwa 15 Minuten vor dem Aufschneiden und Servieren herausnehmen.

Basilikum-butter

6 PORTIONEN
CA. 5 MINUTEN + 2 STUNDEN

1 große Knoblauchzehe
1 Handvoll gehackte
   Basilikumblätter
1 TL grasiges Olivenöl
150 g Butter, zimmerwarm
Salzflocken und grob
   gemahlener
   schwarzer Pfeffer

Den Knoblauch schälen und in eine Schüssel reiben. Basilikum und Öl zugeben und alles mit einem Pürierstab zusammenmixen. Die Butter zufügen, die Mischung mit den Händen verkneten und mit Salz und Pfeffer würzen. Die Kräuterbutter auf Backpapier löffeln und zu einer dichten Wurst zusammenrollen.

Butter mindestens 2 Stunden im Gefrierschrank liegen lassen und etwa 15 Minuten vor dem Aufschneiden und Servieren herausnehmen.

Knoblauch-Zitronen-Butter

6 PORTIONEN
CA. 5 MINUTEN + 2 STUNDEN

3–4 Knoblauchzehen
150 g Butter, zimmerwarm
abgeriebene Schale von 1 großen,
   unbehandelten Zitrone
1 TL frisch gepresster
   Zitronensaft
Salzflocken und grob gemahlener
   schwarzer Pfeffer

Den Knoblauch schälen und in eine Schüssel reiben. Mit der Butter, der Schale und dem Saft der Zitrone vermischen. Mit Salz und Pfeffer nach Geschmack würzen und alles noch einmal mit den Händen gut verkneten. Die Buttermischung auf Backpapier löffeln und zu einer Wurst zusammenrollen.

Butter mindestens 2 Stunden im Gefrierschrank liegen lassen und etwa 15 Minuten vor dem Aufschneiden und Servieren herausnehmen.

Safran-Paprika-Butter

6 PORTIONEN
CA. 5 MINUTEN + 2 STUNDEN

1 rote Paprikaschote
½ Päckchen Safran
    (0,25 g)
150 g Butter, zimmerwarm
1 TL Chiliflocken
Salzflocken und grob
    gemahlener schwarzer
    Pfeffer

Die Paprika waschen, teilen, entkernen, in Streifen schneiden und sehr fein hacken. Die gehackte Paprika ein paar Minuten auf Küchenpapier ruhen lassen. Safran und etwas Salz in einem Mörser zerstoßen und in einer Schüssel mit Paprika, Butter und Chiliflocken verrühren. Mit Salz und Pfeffer würzen. Die Gewürzbutter auf Backpapier löffeln und zu einer Wurst zusammenrollen.

Butter mindestens 2 Stunden im Gefrierschrank liegen lassen und etwa 15 Minuten vor dem Aufschneiden und Servieren herausnehmen.

Chorizo-butter

6 PORTIONEN
CA. 10 MINUTEN + 2 STUNDEN

125 g Chorizo (spanische, grobe
    Paprikasalami), am besten frisch
150 g Butter, zimmerwarm,
    + etwas Butter zum Braten
1½ TL Pimentón (geräuchertes
    Paprikapulver)
Salzflocken und grob gemahlener
    schwarzer Pfeffer

Die Wurst pellen und das Wurstbrät in einer Pfanne mit etwas Butter unter ständigem Rühren anbraten, bis es wie grobes Hackfleisch auseinanderfällt. Falls Sie keine frische Chorizo bekommen, können Sie eine andere grobe Wurst verwenden, die Haut abziehen und die Wurst vor dem Braten klein schneiden. Mit Pimentón würzen und abkühlen lassen.

Die Butter in einer Schüssel mit der Chorizo verkneten und mit Salz und Pfeffer abschmecken. Die Buttermischung auf Backpapier löffeln und zu einer Wurst zusammenrollen.

Butter mindestens 2 Stunden im Gefrierschrank liegen lassen und etwa 15 Minuten vor dem Aufschneiden und Servieren herausnehmen.

Süßes –
von Bananensplit
bis Sorbet

Ich bin ein richtiger Süßschnabel. Am allerliebsten möchte ich jede Mahlzeit mit einer Nachspeise abschließen. Dabei spielt es keine Rolle für mich, ob es die größte Schokoladentorte der Welt oder „nur" einen blitzschnellen Obstsalat als Dessert gibt. Im Sommer bereite ich sehr gern einfache Desserts zu, die sich ruck, zuck aus den Zutaten zaubern lassen, die man gerade vorrätig hat. Meringen mit Lakritzeis, Rhabarbertoffee und Himbeeren ist so eine wunderbar schnelle Nachspeise, ebenso Obst mit Schokolade vom Grill – in Schweden ein echter Klassiker. Und dann gibt es als Dessertvarianten ja noch Bananensplit, knusprige Kekse, dicke Schokoladensoße oder auch ein erfrischendes Sorbet … ebenfalls schnell und spielend leicht vorbereitet.

Ein perfektes Dessert für Faule.

Gegrillte Pfirsiche
mit Honigcreme und Nüssen

4 PORTIONEN
CA. 10 + 30 MINUTEN

4 große, reife Pfirsiche oder
  Nektarinen
Saft und Schale von
  ½ unbehandelten Orange
100 ml flüssiger Honig
200 g türkischer
  Naturjoghurt
100 g geröstete Nüsse
Puderzucker, zum Bestreuen

Wenn die Pfirsiche im Sommer am besten sind, dann esse ich sie, wie sie sind: süß, saftig und sonnengereift. Zu anderen Jahreszeiten muss man ein wenig mit den Pfirsichen flirten, um die saftige Süße aus ihnen herauszulocken. Das gelingt beispielsweise mit einer Kombination aus Orangenhonig und einer schönen Glut. Außerdem ist dies das perfekte Dessert für Faule, denn es lässt sich ohne Aufwand vorbereiten. Man muss es nur aus dem Kühlschrank nehmen und auf den Grill legen, wenn das Hauptgericht schon gegessen wurde, die Glut aber immer noch gut ist und sich bei den Gästen die Lust auf Süßes einstellt.

Pfirsiche oder Nektarinen waschen, teilen und entkernen. Saft und Schale der Orange mit der Hälfte des Honigs sanft in einem Topf erhitzen. Zur Seite stellen, die Früchte hineinlegen und mindestens 30 Minuten im Orangenhonig marinieren. Nach der Hälfte der Zeit wenden.

Währenddessen den Joghurt mit dem übrigen Honig verrühren. Die Nüsse grob hacken.

Die Pfirsiche über schwacher Hitze von beiden Seiten grillen, bis sie rundum eine schöne Farbe bekommen haben. Auf einen Teller legen und den übrigen Orangenhonig darübergießen. Joghurt und Nüsse darübergeben. Mit Puderzucker bestreuen und sofort servieren.

Sandkuchen-Bruschetta
mit Holunder-Rhabarber-Kompott

4 PORTIONEN
CA. 20 MINUTEN

500 g frischer Rhabarber
200 ml Holunderblütensirup
85 g Zucker
200 g Ricotta oder ein
  anderer Frischkäse
30 g Puderzucker
1 TL Vanillezucker
4 Scheiben Sandkuchen
  vom Vortag, selbst gebacken
  oder gekauft

Wenn Sie den Sandkuchen selbst backen, wird er besonders gut, wenn man ihn mit frisch gemahlenen Kardamomsamen würzt. Das Aroma von Kardamom passt fantastisch zu Rhabarber und Ricotta.

Den Rhabarber in Streifen schneiden und mit dem Holunderblütensirup und dem Zucker in einem Topf aufkochen. Bedeckt bei mittlerer Hitze 10–15 Minuten sieden lassen. Anschließend das heiße Kompott in ein sauberes Einmachglas füllen, verschließen und abkühlen lassen.

Ricotta oder anderen Frischkäse, Puderzucker und Vanillezucker in einer Schüssel miteinander verrühren.

Die Sandkuchenscheiben auf beiden Seiten kurz bei schwacher Hitze grillen. Dabei aufpassen, dass sie nicht verbrennen. Die Ricottamischung auf die warmen Kuchenscheiben streichen und darüber das Rhabarberkompott verteilen. Sofort servieren.

Beeren mit weißer Schokolade vom Grill

4 PORTIONEN
CA. 10 MINUTEN

8 Blatt Alufolie (ca. 40 x 40 cm)
ca. 1,4 kg geputzte frische Beeren,
  z. B. Himbeeren, Blaubeeren
  und Erdbeeren
100 g weiße Schokolade
50 g Schlagsahne
abgeriebene Schale von
  1 unbehandelten Limette

Noch ein Nachtisch, der sich wunderbar vorbereiten lässt. Die Folienpäckchen mit den Beeren, der Schokolade und der Sahne lagert man einfach im Kühlschrank, bis es Zeit für das Dessert ist. Am besten schmeckt dazu Vanilleeis. Auch für ein Picknick praktisch – allerdings nur dann, wenn man sich vorstellen kann, die Beeren ohne Eis zu essen. Leicht geschlagene Sahne oder ein Klecks Joghurt mit Puderzucker passen auch prima dazu.

Jeweils 2 Folienblätter aufeinanderlegen und darauf die Beeren verteilen. Die Schokolade reiben und zusammen mit der Sahne und der Limettenschale über den Beeren verteilen. Die Folien zu dicht schließenden Päckchen zusammenfalten. Bei guter Glut etwa 5 Minuten grillen und dann sofort servieren, zum Beispiel mit Vanilleeis.

Tipp! Die Schokolade lässt sich leichter reiben, wenn man sie vorher 30 Minuten in den Gefrierschrank legt.

Absolut praktisch fürs Picknick.

Erdbeer-Grappa-Sorbet

4–6 PORTIONEN
CA. 15 MINUTEN
+ 4–5 STUNDEN

125 g Zucker
100 ml Grappa
500 g halb gefrorene
   Erdbeeren
1 Eiweiß
30 g Puderzucker

Grappa und Erdbeeren – was für eine fantastische Kombination! Ich verwende hier etwas weicheren Grappa (den gibt es tatsächlich!). Ich bin der Meinung: Mit Grappa ist es wie mit Whisky. Man muss ganz einfach seine Lieblingssorte finden. Wer es etwas luxuriöser möchte, ersetzt die Erdbeeren durch Walderdbeeren.

50 ml Wasser und Zucker in einem Topf aufkochen und mit Deckel etwa 2 Minuten bei schwacher Hitze sieden lassen. Den Grappa zufügen und abkühlen lassen.

Die Erdbeeren untermengen und alles in einen luftdichten Behälter mit Deckel füllen. 1½ Stunden einfrieren, bis die Mischung halb gefroren ist.

Eiweiß und Puderzucker mit einem Rührgerät zu einem weißen, fluffigen Eischnee schlagen – das dauert ein paar Minuten. Den Eischnee unter die halb gefrorene Beerenmischung heben, in den Behälter zurückgießen und 4–5 Stunden einfrieren. Das Sorbet etwa 15 Minuten vor dem Servieren herausholen.

Meringen
mit Lakritzeis, Rhabarbertoffee und Himbeeren

4 PORTIONEN
CA. 30 MINUTEN

Für das Rhabarbertoffee
200 g frischer Rhabarber
150 g Schlagsahne
85 g Zucker
50 g heller Sirup

200 g Schlagsahne
12 Lakritzbonbons, am besten die Sorte Türkisch Pfeffer
250 g frische Himbeeren
ca. 600 ml Lakritzeis
ca. 75 g Meringen

Für dieses wunderbare Dessert, das in Schweden *marängsviss* heißt, wird man nie zu alt. Ich persönlich finde es absolut unterschätzt. Es lässt sich blitzschnell vorbereiten, ist fantastisch zu variieren – und außerdem kenne ich niemanden, der dazu Nein sagen kann. Zu den Meringen, dem Lakritzeis und der Sahne gehören unbedingt Obst und Beeren. Aber ob das nun Bananen, in Holundersirup gekochte Erdbeeren oder Granatapfelkerne sind, ist Jacke wie Hose. Dieses *marängsviss* ist mit Sicherheit eines der Besten, das ich je gegessen habe!

Den Rhabarber in Streifen schneiden und zusammen mit Sahne, Zucker und Sirup in einen weiten Topf mit dickem Boden geben. Aufkochen, die Hitze reduzieren und 15–20 Minuten sieden lassen. Ab und zu umrühren. Wie lange man das Toffee kochen muss, hängt davon ab, welchen Topf man verwendet (mit einem weiten Topf geht es schneller, mit einem kleineren dauert es länger). Man kann eine Probe machen, indem man etwas Toffee auf einen Teller gießt und ein paar Minuten in den Gefrierschrank stellt – es sollte immer noch etwas zerlaufen, wenn es abgekühlt ist.

Die Sahne schlagen und die Lakritzbonbons in einem Mörser zerstoßen. Das Rhabarbertoffee zusammen mit Himbeeren, Lakritzeis und Meringen sowie der Sahne und den Lakritzstücken in einer großen Schüssel aufschichten. Sofort servieren.

Meine Verbeugung vor dem Klassiker: Let's go bananas!

Lisas Bananensplit

**4 PORTIONEN
CA. 20 MINUTEN**

Für die Schokoladensoße
100 g dunkle Schokolade
  von guter Qualität
  (ca. 70 % Kakaogehalt)
250 g Schlagsahne
40 g Kakao
¼ TL Salz

4 Bananen
60 g Rohrzucker
50 g Butter
200 g fein gehackte,
  gesalzene Erdnüsse
Vanilleeis

Es liegt ein rosafarbener Schein über einem Bananensplit. Finden Sie nicht auch? Ich denke an Rockabilly, Sundaes und amerikanische Diners. Tatsache ist, dass die Wurzeln des *banana split* viel weiter zurückliegen – über hundert Jahre hat das Dessert nämlich schon auf dem Buckel. Hier kommt meine Verbeugung vor diesem Klassiker. Let's go bananas!

Die Schokolade für die Soße grob hacken. Die Sahne in einen Topf geben und aufkochen. Den Topf vom Herd nehmen und etwas abkühlen lassen. Die Schokolade mit Kakao und Salz einrühren. Rühren, bis die Schokolade geschmolzen ist, und etwas abkühlen lassen.

Die Bananen schälen und der Länge nach teilen. Den Rohrzucker auf einen Teller geben und die Bananen mit der Schnittfläche in den Zucker legen, sodass sie ganz bedeckt sind. Die Butter in einer Pfanne schmelzen. Die Bananen mit der Zuckerseite nach unten hineinlegen und bei starker Hitze 1–2 Minuten goldbraun rösten.

Die Erdnüsse auf einem Schneidebrett verteilen und die Bananen mit der Bratfläche nach unten darauflegen, sodass die Nüsse an der karamellisierten Oberfläche hängen bleiben. Die Bananen mit der lauwarmen Schokoladensoße und Vanilleeis servieren. Eventuell mit Nüssen bestreuen.

CA. 200 ML KARAMELLCREME
CA. 2–3 STUNDEN

1 Dose gesüßte Kondensmilch

Dulce de leche

Diese Karamellcreme aus Südamerika ist perfekt als Topping für Eis, als süße Füllung zwischen Keksen und Gebäck oder auf Pfannkuchen mit Beeren oder Früchten. In gut sortierten Geschäften kann man vielleicht importierte *dulce de leche* in der Dose oder im Glas kaufen. Sie lässt sich aber auch aus gesüßter Kondensmilch zubereiten. Dabei ist es absolut wichtig, dass die ungeöffnete Kondensmilchdose die ganze Zeit über mit Wasser bedeckt ist und das Wasser im Topf nur siedet und nicht kocht.

Die Dose in einen großen Topf legen und gut mit Wasser bedecken. Aufkochen, die Hitze etwas reduzieren und 2–3 Stunden bedeckt sieden lassen. Eventuell heißes Wasser nachgießen, wenn es nötig ist.

Es reicht aus, die Dose lediglich 2–2½ Stunden im siedenden Wasser stehen zu lassen, wenn man ein Resultat haben möchte, das in Richtung Karamellsoße geht, zum Beispiel für Eis, Flan, Bananenkuchen oder Pie. Kocht man sie länger, passt sie zu Alfajores (siehe Rezept rechts) oder zu härterem Gebäck, auf das man eine zähe Creme streichen möchte.

Die heiße Dose herausnehmen, mit kaltem Wasser abschrecken und abkühlen lassen. Die Dose öffnen und die Karamellcreme servieren oder verarbeiten.

18 DOPPELKEKSE
CA. 40 MINUTEN

Für die Kekse
100 g Butter, zimmerwarm
40 g Zucker
1 EL Vollmilch
½ TL frisch gepresster Zitronensaft
150 g fein gemahlene Polenta (Maismehl)
30 g Weizenmehl
1 TL Vanillezucker
½ TL Backpulver

Für die Füllung
1 Dose Dulce de leche
70 g Kokosraspel

Alfajores
mit Dulce de leche

Auf meiner Reise durch Argentinien bekam ich diese Kekse überall und immer angeboten. Trotzdem kann ich nicht genug davon bekommen. Die Süße der Kekse in meinem Rezept ist der Süße der Füllung mit *dulce de leche* angepasst. Wollen Sie die Kekse ohne Füllung essen, dann erhöhen Sie die Zuckermenge etwas.

Den Backofen auf 175 °C vorheizen.

Butter und Zucker in eine Schüssel geben und mit den Knethaken eines Rührgeräts geschmeidig rühren. Milch und Zitronensaft zufügen. Polenta, Weizenmehl, Vanillezucker und Backpulver vermischen und in den Teig rühren. Alles zu einem Teig verkneten. Den Teig in Frischhaltefolie wickeln und im Kühlschrank etwa 25 Minuten ruhen lassen.

Den Teig in 36 Stücke teilen und diese zu Kugeln rollen. Kugeln auf ein Backblech mit Backpapier legen und mit der Hand leicht flach drücken. Im Ofen 15–17 Minuten backen, bis sie am Rand Farbe bekommen. Aus dem Ofen nehmen und auskühlen lassen. Die Hälfte mit Dulce de leche bestreichen, die übrigen Kekse als Deckel darauflegen. Seiten der Kekse in Kokosraspel wälzen.

Menütipps

Brauchen Sie Inspiration?
Hier nun meine Tipps, wie
sich Rezepte aus diesem Buch
zu einem gelungenen Menü
zusammenstellen lassen.

Menü für viele

Rosmarin-Grissini (Seite 12)
zum Knabbern vor dem Essen

Ein Braten mit einem Kräuterrub mit
Rauchsalz (Seite 23), indirekt gegrillt

Rote-Bete-Gratin mit Ziegenkäse,
im Bräter zubereitet (Seite 32)

Krautsalat mit Radieschen, Speck
und Citronette (Seite 63)

Erdbeer-Grappa-Sorbet (Seite 116)

Für Groß und Klein

Hähnchen mit Gewürzrub (Seite 23)

Gegrillte Guacamole-Tortillas
mit Mozzarella (Seite 34)

Tomaten-Erdbeer-Salat (Seite 64)

Avocado-Feta-Creme (Seite 92)

Alfajores mit Dulce de leche (Seite 122)

Verwöhn dich!

Blaubeer-Mojito (Seite 8)

Spareribs mit dicker BBQ-Marinade
(Seite 20)

Asiatische Kirschsalsa (Seite 95)

Indischer Blumenkohlsalat
mit Mandeln (Seite 67)

Sandkuchen-Bruschetta (Seite 112)

Mädelsabend

Hähnchen mariniert in scharfen
Pfirsichen (Seite 19)

Erbsen-Minz-Creme (Seite 89)

Südamerikanischer Reissalat
mit Pfirsich, schwarzen Bohnen
und Koriander (Seite 39)

Bohnensalat mit Kräutern
und Halloumi (Seite 68)

Gegrillte Pfirsiche mit Honigcreme
und Nüssen (Seite 110)

Schnelles Abendessen

Gute Lammwürste
vom Grill

Sommerkartoffelsalat Nr.1
(Seite 44)

Apfel-Tsatsiki
(Seite 92)

Beeren mit weißer Schokolade
vom Grill (Seite 115)

Heißes Date

Herings-Bouquerones (Seite 10)

Gegrillte Krustentiere mit
Knoblauch-Zitronen-Butter (Seite 106)

Gegrillte Pizza mit Spargel
und Salsiccia (Seite 26)

Gegrillte Artischockenherzen mit
Gremolata-Streuseln (Seite 48)

Meringen mit Lakritzeis, Rhabarbertoffee
und Himbeeren (Seite 118)

Männerabend

Burger, mit etwas
Chipotle-Paste gewürzt

Geröstete BBQ-Kartoffeln (Seite 42)

Fenchel-Slaw (Seite 60)

BBQ-Soße (Seite 79)

Lisas Bananensplit (Seite 121)

Register

Die Originalausgabe erschien
2011 unter dem Titel
Till grillat
bei Bonnier Fakta
P. O. Box 3159
SE-103 63 Stockholm

© Rezepte, Text und Styling:
Lisa Lemke, 2011
Fotos: Åsa Dahlgren

© 2013 der deutschen Ausgabe
Verlag Georg D. W. Callwey
GmbH & Co. KG
Streitfeldstraße 35
D-81673 München
www.callwey.de
E-Mail: buch@callwey.de

Die Deutsche Nationalbibliothek
verzeichnet diese Publikation in
der Deutschen Nationalbibliografie;
detaillierte bibliografische Daten sind
im Internet über *http://dnb.d-nb.de*
abrufbar.

ISBN 978-3-7667-2020-7

Übersetzung aus dem Schwedischen:
Julia Gschwilm, München

Redaktion und Satz der deutschen
Ausgabe: bookwise medienproduktion
gmbh, München

Umschlaggestaltung:
Anzinger | Wüschner | Rasp,
Agentur für Kommunikation GmbH,
München

Printed in Lettland 2013

Einen großen Arm voll essbarer Blumen

... und den wärmsten Dank an ein paar fantastische Menschen in meiner Umgebung:

Marcus, weil du meine Aktivitäten am frühen Morgen, meine späten Abende vor dem Computer, meine ständigen Fotoreisen und meine ewigen Gespräche über Essen aushältst. Du bist die Crème de la Crème meines Lebens!

Meine geliebte Familie, weil ihr mir Erinnerungen an das Essen und die Freude am Essen mitgegeben habt und immer noch gebt. Essen ist Leben!

Alle, die mir nahestehen, weil ihr mich immer wieder aufpeppt, mir eure Meinung sagt, mitesst und auf den Fotos so nett lächelt ..., weil ihr mir eure Wohnungen, Häuser, Haushaltsgegenstände und eure Zeit zur Verfügung stellt. Ich verspreche euch göttliche Abendessen und lautes Lachen bis zum Ende der Zeit!

Åsa Dahlgren – die beste Fotografin, der fröhlichste „partner in crime" und die hübscheste Putzfrau der Welt. Das hier wäre nichts ohne dich und deine fantastische Energie!

Tobias Ohlson, weil du als mein Assistent ein absoluter Sechser im Lotto bist!

Meinen schwedischen Verlag, Bonnier Fakta. Ein besonderes Dankeschön an meine aufmunternde Verlegerin Kerstin Bergfors und meine fabelhafte Lektorin Annika Ström.

Kai Ristilä, den Layouter: Du bist einfach Spitzenklasse!

Meinen wunderbaren Lieferanten Ugglarps Grönt, Fiskmeny Hönö, Gudmundsgården und Gårdsbutik Thuressons.

Ohne euch gäbe es weder Buch noch Grillabende!